ARDUINO

PARA PRINCIPIANTES

Guía completa para principiantes
Aprende la programación Arduino paso a paso

Ethan Thorpe

Table of Contents

Introducción

Este libro actuará como punto de partida para todo lo que necesita para aprender sobre la programación de Arduino. Proporcionaremos enlaces a todo el software que pueda necesitar para aprender la programación de Arduino.

Este libro buscará enseñar todos los aspectos de la programación Arduino a un principiante completo sin absolutamente ninguna experiencia escribiendo programas. Por lo tanto, para aquellos que temen la programación como un trabajo de cabeza, trataremos de disuadirlo a través de este curso.

Makerspaces de todo el mundo están cada vez más interesados en incluir la electrónica y la programación en su educación. La integración de las placas de Arduino en sus lecciones y proyectos es a menudo la forma en que hacen esto. Muchos educadores de creadores a menudo evitan Arduino porque temen que la programación sea algo difícil de aprender. Estamos aquí para probar que están equivocados.

Para aquellos más familiarizados con la programación Arduino, todavía hay mucho que se podría aprender de la lectura de este libro.

Cada paso en los pasos de programación se explicará para llevar a todos a lo largo.

Este libro actuará como punto de partida para todo lo que necesita saber sobre la programación de Arduino. Proporcionaremos enlaces al software que pueda necesitar para aprender la programación de Arduino.

Capítulo 1

Sumergirse en el mundo de Arduino

Breve Historia

Ivrea es una pequeña ciudad que se encuentra al otro lado del río Dora Baltea en Italia. Famoso por sus reyes desfavorecer, uno de los cuales fue el rey Arduin que finalmente fue depuesto por el rey Enrique II, de Alemania.

Tomamos el nombre de la plataforma de Bar di Re Arduino, un bar popularmente frecuentado por Massimo Banzi. El nombre del bar fue heredado del rey italiano de 1002, el rey Arduin.

Arduino fue introducido por Massimo Banzi, David Mellis y David Cuartielles en Italia en 2005 en el Interaction Design Institute Ivrea (IDII) para proporcionar acceso a una herramienta barata y sencilla para crear hardware para no ingenieros.

Fue bifurcado de la obra de Barragán, un estudiante del IDII que había creado un lenguaje llamado *Cableado* para su tesis de maestría. El cableado fue diseñado para simplificar la creación de electrónica interactiva para artistas y diseñadores.

¿Qué es Arduino?

Arduino se puede describir mejor como una plataforma de prototipado electrónico de código abierto fácil de usar basada en hardware y software muy flexibles. Las placas Arduino tienen un microcontrolador que se puede programar para hacer varias tareas. Pueden leer varias entradas de tipo diferentes, tales como; leer el correo, la luz en una fotocélula, el cambio de viento, un sonido específico y convertirlo en una salida; publicar un libro, apagar la luz, abrir la puerta, encender la máquina de café.

El chip del microcontrolador

Un microcontrolador es un **sistema integrado,** lo que significa que son muchas unidades incrustadas en un chip: microprocesador, unidades de memoria (RAM, ROM, FLASH), puertos de entrada/salida y otros periféricos.

Los microcontroladores son impresionantes porque permiten a los no desarrolladores y desarrolladores construir un sistema eléctrico en funcionamiento en un corto período de tiempo. Ya que no es necesario elegir varias partes y asegúrese de que son compatibles entre sí.

El chip de microcontrolador del Arduino lo convierte en un recurso verdaderamente especial. Arduino Uno viene con un microprocesador que tiene 32KB de almacenamiento, 2KB de RAM y tiene un procesador de ocho bits que se ejecuta a sólo 16MHZ. Es ligero y capaz de manejar cualquier cosa que quieras hacer con Arduino.

Nota: algunas placas tienen mayor almacenamiento/RAM/procesador.

Hay excepciones, algunos chips se construyen con mayor RAM, almacenamiento y procesador. Pero, la mayoría de Arduino dentro del rango de precios común estará dentro de las especificaciones anteriores con algunas desviaciones permitidas.

Descubrir otra placa Arduino

Arduino se libera bajo una licencia creative commons (código abierto), lo que significa que cualquiera puede producir su propia placa. Hay muchos clones compatibles con Arduino diferentes en el mercado abierto, pero sólo las placas oficiales han incluido Arduino en sus nombres.

La mayoría de la gente compra clones de Arduino porque son menos costosos que las placas oficiales de Arduino. Le advertiremos que tenga cuidado con la compra de tableros de empresas con las que no está familiarizado. Si no desea comprar de Arduino, estas empresas se recomiendan http://www.adafruit.com/ y http://www.sparkfun.com/. Sus productos son menos caros, pero también de calidad similar a los tableros oficiales.

La placa que compre debe depender estrechamente del tipo de proyecto que desee emprender. Para un proyecto de forma pequeña, usted debe considerar Arduino pro mini y para uno portátil, usted debe considerar la placa LilyPad de Sparkfun.

Placas oficiales de Arduino

Hay muchos tipos de Arduino como hemos mencionado anteriormente. El Arduino que va a comprar depende de lo que desea hacer con él.

A continuación se muestran algunos ejemplos de las placas Arduino que encontrará fácilmente por ahí.

Arduino Uno

Arduino se puede describir mejor como una plataforma de prototipado electrónico **de código** abierto fácil de usar basada en hardware y software muy flexibles. Las placas Arduino tienen un microcontrolador que se puede programar para hacer varias tareas. Pueden leer varias entradas de tipo diferentes, tales como; leer el correo, la luz en una fotocélula, el cambio de viento, un sonido específico y convertirlo en una salida; publicar un libro, apagar la luz, abrir la puerta, encender la máquina de café.

Debido a su precio barato y facilidad de uso, Arduino se ha vuelto muy popular para los fabricantes que quieren incursionar en la creación de hardware interactivo.

A diferencia de la mayoría de las placas de circuito programables anteriores, Arduino no requiere ningún hardware adicional (Programador) para cargar nuevo código en la placa.

Usted puede comprar Arduino directamente de https://store.arduino.cc/ o de venta al por menor por un rango de precios de $22-$24.

La placa suele aparecer como una placa de circuito azul del tamaño de una tarjeta de crédito, aunque los diferentes modelos vienen en diferentes tamaños. Viene con un microcontrolador Atmel que es una computadora diminuta, un conector USB, un conector de alimentación y dos filas de encabezados. Los pines de los conectores están conectados a los cabezales que se pueden conectar a prácticamente cualquier electrónica que pueda imaginar.

Por lo general, hay 9 pines digitales (E/S) y 4 canales de entrada analógicos. Los pines de E/S se pueden utilizar como pines de entrada – para conectar sensores de luz, sensores de temperatura, sensores de sonido, teclado o ratón, botones... o se pueden utilizar como pines de salida - para conducir motores, luces de control, pantallas de conexión, LED, comprobar el correo ... El USB también le permite controlar su Arduino con su ordenador o controlar su ordenador con el Arduino.

Arduino Leonardo

Arduino Leonardo se basa en el ATmega32u. Tiene 20 pines de E/S digitales. Contiene todo lo que necesita para apoyar el microcontrolador.

Arduino Ethernet

Arduino Ethernet se basa en el ATmega328. Tiene 14 pines digitales de entrada/salida, seis entradas analógicas y un oscilador de cristal de 16 MHz.

Arduino Due

La velocidad del reloj y las ridículas cantidades de memoria son las dos cosas que realmente hacen que el Due se separe de los demás.

Arduino Yun

Arduino Yun es el primero de una nueva línea de productos Wi-Fi que buscan combinar la potencia Linux con la facilidad de uso de Arduino. Arduino Yun es la combinación de una placa Arduino Leonardo (basada en el procesador Atmega32U4) con un sistema Wi-Fi-ona-chip que ejecuta Linino.

Arduino Mega 2560

Mega es una clase especial de Arduino. Reconocido por su gran número de pines de E/S, el Arduino mega es el punto de referencia para trabajos electrónicos complejos. Tiene un espacio de memoria mucho más grande.

Arduino Mini

Si necesita empacar la electrónica en el espacio no mucho más grande que un sello postal, entonces el Arduino Mini es probablemente lo que desea.

Y muchos otros modelos

Para esta lección, usaremos el modelo Arduino Uno como muestra.

Clones de Arduino

Algunos clones de Arduino que también puede desear comprar incluyen:

NodeMCU

NodeMCU es único. Es una de las alternativas más favoritas a Arduino disponible en este momento. Tiene un tamaño similar al Arduino mini y Nano, pero tiene un golpe más malo.

Teensy 3

Teensy es una de las mejores alternativas de Arduino disponibles en este momento. Son muy similares a Arduino micro y Nano, al igual que NodeMCU. Y al igual que el nodo alabado, son incluso mejores que las versiones oficiales de Arduino. Un poco más caro a $30, su potencia de procesamiento supera casi todos los otros microprocesadores.

MSP430 Launchpad

El consumo de energía a menudo demuestra ser el problema de la mayoría de las compilaciones de bricolaje, es por eso que las placas MSP430 son impresionantes. Dibujo en corriente afirmaba ser tres veces más bajo que la mayoría de las otras placas Arduino, es exactamente lo que se necesita para las compilaciones destinadas a ejecutarse durante largos períodos.

Hay muchos clones de Arduino otros tipos; El STM32, PocketBeagle, DIY (Hecho en Casa)...

¡Precaución!

Podría ser una buena idea leer este capítulo antes de desempaquetar su Arduino, **cosas malas** pueden suceder si no lo hace.

1. Un Arduino sólo puede suministrar una salida de 40 mA por pin, por lo que es posible que no desee conducir un altavoz o motor directamente y no puede conectar directamente un LED sin una resistencia.

2. No cortocircuite una salida a +5v, +3.3v o los pines de tierra. La cantidad de corriente extraída de un pasador de salida a +5v conectado al suelo freirá la placa.

3. No ponga Arduino en una superficie metálica, cortará los pines.

4. No extraiga más de 200mA de los pines de salida en total. El chip ATmega suministra sólo 200mA en total, por lo que conducir 10LED eventualmente matará su tabla.

5. No suministre más de +5v a sus pines de entrada. Incluso un cargo por exceso de +0.5v puede dañar su tabla. Esto también se aplica a los sensores... siempre revise sus voltajes cuidadosamente antes de conectar cualquier cosa.

6. No suministre más de la tensión aceptada a los pines de entrada. Un chip ATmega de +5v tiene un límite absoluto de +6v y +5v para uno +3.3v.

7. El chip vin se fríe si toma más de +12v. Hay un regulador de voltaje a bordo que se fríe si se necesita más de +12v.

8. Cuando se ejecuta con energía externa, no extraiga más de 500mA del pin +5v.

9. No dibuje más de 50mA del pin +3.3v.

10. Tenga cuidado con la polaridad inversa. Cambiar un pin GND por el pin vin o +5v matará el tablero.

11. No conecte una carga al pin de vin mientras esté utilizando alimentación USB.

12. Retire la alfombra debajo de su escritorio para protegerse contra la carga estática.

Si esto parece innecesariamente complicado, pero no se preocupe. Sólo preste especial atención a 1-5 y 10 y estará bien.

Capítulo 2

Hardware y Herramientas

Para que comiences a practicar con Arduino, probablemente necesitarás algunas cosas para empezar.

Mientras que usted puede aprender programación Arduino con sólo el contenido de su Arduino Uno Budget Pack, por favor asegúrese de que tiene todos los materiales enumerados a continuación dentro del paquete:

- Un equipo que ejecuta Arduino IDE

- Cable USB A-B, tablero de pan no menos de medio tamaño y cables de placa de pan

- Potenciómetro 10K y 2 pulsadores

- LED RBG brillante y 5 LED difusos de color rojo

- Resistencias de 10K ohmios y resistencias de 220 a 1K ohmios

- Placa de montaje de plástico para la placa

- Destornillador de cabeza plana

También necesitará algunos de los siguientes materiales:

- Transistor PN2222, diodo 1N4001 y un pequeño motor de CC

- Juego de destornilladores de precisión

- Soldadura y soldador

- Destripadores de alambre, pinzas y un multímetro

- Un pequeño alicate de punta de aguja y cortadores diagonales al ras

- Tira de 60/m RGBW NeoPixel (1 metro)

- Chupa soldadura

- Calculadora científica

- Componentes de cualquier dispositivo con el que desee operar el Arduino

Algunos/Todos los anteriores son componentes que necesitará si va a dominar la programación Arduino.

La función de los componentes mencionados anteriormente si no se indica inmediatamente a continuación, se describirá a medida que lleguemos más adelante en la programación de su placa.

Fuente de alimentación

Arduino rara vez viene con un paquete de energía. Para la mayoría de los proyectos, utilizará el cable USB para extraer energía de su computadora. Sin embargo, para cualquier proyecto móvil, tendrá que considerar una fuente de alimentación de CA de 9V para que sea independiente.

La Breadboard

La Breadboard es un diseño revolucionario a la hora de programar una tabla. Antes de su invención, era necesario que un ingeniero perfeccionara todo su diseño de placa en papel antes de hacer cualquier forma de prototipo, o gastar cantidades ruinosas de dinero soldando y soldando la placa (la placa puede dañarse). La placa de pan eliminó esa limitación por completo al permitir a sus usuarios programar sus circuitos sin soldar permanentemente nada hasta que hayan perfeccionado sus diseños.

La Breadboard permite al usuario crear prototipos y experimentar con diferentes diseños de circuitos antes de realizar cualquier soldadura permanente de la placa.

La Breadboard contiene clips metálicos en los orificios de su carcasa de plástico que están conectados entre sí por tiras delgadas de materiales conductores. Estos permiten que las corrientes fluyan libremente entre un agujero al siguiente, imitando un circuito. Sin embargo, dado que la placa de pan por sí sola no es autoalimentada, requiere que la energía se envíe a través de cables de puente desde el Arduino. Estos cables también se utilizan a veces para formar circuitos mediante la conexión de interruptores, resistencias y otros componentes.

Los cables de salto están conectados a la placa a través de dos rieles de alimentación claramente visibles en ella, tanto para conexiones de alimentación como de tierra. El carril entre la placa de pan es para permitir que los circuitos se monten más fácilmente en ella.

Cables de salto

Los cables Jumper cumplen la función muy simple de conectar los pines de cabecera De Arduino a la placa de pan. Como ya se ha indicado anteriormente, el uso de estos para probar-conducir su circuito le permite ver si su circuito es preciso sin tener que soldar Arduino. Necesitará cables de puente, si desea utilizar la placa de pan.

Alicates de nariz de aguja

Este es un componente vital para cualquier trabajo eléctrico y por computadora. Es, de hecho, vital incluso para los no electricistas como artesanos, diseñadores de joyas... estos alicates se utilizan para reposicionar, cortar y doblar los cables y para insertarlos en la placa de pan. También se utilizan para mantener los cables y circuitos en su lugar mientras se trabaja.

Multímetro

Un multímetro es una parte muy vital de trabajar con la electrónica. Es una combinación de un voltímetro (medidas de voltaje de AC y DC), un ohmímetro (medida de resistencia) y un amperímetro (medidas de corriente). Debido a la precisión requerida al trabajar con Arduino, se vuelve casi vital si va a trabajar en el tablero sin soplar su tabla en el primer intento. Se resolverá una gran cantidad de los problemas matemáticos que se enfrentarán a cien al aprender Arduino

Trabajar en Arduino sin multímetro es posible. Pero no se recomienda si usted no es ya competente en el trabajo con otros dispositivos electrónicos con rangos de tolerancia ajustados.

Soldadura y soldadura de hierro

Estos son vitales para cualquier trabajo de circuito. Tal vez incluso más vital que cualquier cosa en esta lista. La soldadura es un pequeño cable de metal. Tiene un punto de fusión muy bajo, lo que significa que se puede fundir y solidificar muy rápidamente.

El soldador es un equipo eléctrico que se calienta rápidamente a la temperatura adecuada para fundir la soldadura. El proceso de fusión de la soldadura y enfriarla con el fin de cementar una cabeza de alambre en un circuito se llama **Soldadura.**

La soldadura se realiza para fijar el cable en el circuito de modo que no se retire fácilmente, como se muestra a continuación.

El proceso es muy simple,

- El extremo del cable de soldadura se coloca cuidadosamente en el cable

- El cable se coloca en el lugar donde se debe mantener

- El soldador se aplica (la soldadura se funde sobre el alambre) y se retira rápidamente

- El cable se mantiene en posición hasta que la soldadura se solidifique

- La soldadura está hecha.

Aunque soldar de la manera que describí anteriormente es suficiente para sus necesidades, no es necesariamente la mejor manera de hacerlo. Hay un montón de diferentes maneras de realizar la soldadura, usted encontrará que el método que describiré a continuación será la mejor manera de salir del proceso con una placa funcional, intacta, ordenada y bien hecha.

- Consiga una estación de soldadura. Esto le permitirá un cierto grado de precisión al trabajar con componentes delicados, y una cierta seguridad de control de temperatura sobre su soldador.

- Trae una esponja de latón. Esto le permite evitar la degradación de la punta de su soldador mediante la eliminación de la oxidación debido a los trozos sobrantes de soldadura. También puede optar por utilizar simplemente una esponja húmeda para realizar la misma tarea, aunque esto puede acortar la vida útil de la punta del soldador.

- Por favor, siga con la soldadura de núcleo de resina sin plomo si usted está muy preocupado por su salud. Mientras que la soldadura de plomo es significativamente más barato, por razones de salud, se ha vuelto bastante impopular. Si está utilizando una soldadura de plomo, asegúrese de ventilar adecuadamente su lugar de trabajo.

- Se recomienda que lata la punta de y mantener su soldador caliente durante unos 20 a 30 segundos antes de comenzar con cualquier forma de soldadura. La temperatura debe estar alrededor de 573K.

- El ajuste de la punta del soldador implica cubrir la punta del soldador (360 grados) con soldadura.

- Una vez que su circuito está establecido y su soldador está listo, coloque su soldadura a lo largo de la punta de su soldador (utilice un alambre de cobre para mantener la soldadura estable si lo desea) y después de aproximadamente 1 a 2 segundos debería haberse derretido hasta la punta.

- Sujete la soldadura en la punta y sostenla con alambre, si es necesario.

- Ahora, coloque la punta que contiene la soldadura en la unión entre sus dos componentes de circuito. Asegúrese de que la soldadura esté bien colocada y retire la punta de soldadura en un movimiento que no debe tardar más de 3 a 4 segundos. La soldadura debería haber} quedado entre la articulación.

- Espere unos minutos para que la soldadura se enfríe y compruébela para ver si la articulación soldada es sólida. No intente soplar viento a la articulación en un intento de enfriarla rápidamente. Una vez que la junta soldada se confirma sólida y buena, usted puede proceder.

Diodo

Los diodos son como transistores, un dispositivo semiconductor. Una de las muchas propiedades interesantes del diodo es que conducen electrones sólo en una dirección.

Las placas Arduino tienen un diodo en serie (directamente conectado uno tras otro) con su toma de entrada de energía para evitar que se revierta la potencia, lo que dañará el chip.

Los diodos se construyen generalmente con una caída de voltaje hacia adelante que oscila entre 0.5v y 0.7v. Si mide la tensión antes del diodo y después del diodo, la tensión será 600mV mayor antes del diodo en comparación con después de él.

Esto, por supuesto, tiene sus límites, si el voltaje inverso supera el límite de diodos, el diodo se romperá, lo que hará que la corriente fluya libremente en la dirección equivocada. En algunos diodos llamados diodos zener, esto será controlado. Los diodos Zener solo conducen la corriente si la tensión supera un cierto valor.

Este valor es específico y constante, por lo que los diodos zener pueden actuar como referencia en reguladores de voltaje.

Led

El LED es muy parecido a un diodo, esto significa que conectará la electricidad sólo en una dirección. Esta es una limitación interna deliberadamente incorporada en su función. Los LED tienen un cátodo (negativo) y un ánodo (positivo).

El cátodo es generalmente el lado plano y más corto de la pierna, mientras que el ánodo a menudo actúa como la pierna redonda y más larga.

Los LED a menudo vienen en varios colores, rojo, naranja verde, azul... y con varios voltajes de avance a menudo escritos como V_L (Esto se convertirá en significativo más adelante). Dado que emiten luz de baja energía, su caída de voltaje es mucho menor que las fuentes de luz que emiten UV, Azul... la luz.

Color	Tensión de avance (VL)
Rojo	1.7v - 2.2v
Naranja	2.0v
Amarillo	2.1v
Verde	2.2v

Azul	3.2v - 3.8v
Blanco	3.2v - 3.8v

Esta es una suposición que puede no ser siempre cierto para los voltajes de avance LED. Confirme siempre cuál es el voltaje de avance de su LED antes de usarlo.

Electrónica y Física

Antes de empezar a usar Arduino, hay algo de física que necesita saber. Si ya lo sabe, omita este tema.

La electricidad es el flujo de electrones (portadores de carga eléctrica) de un punto a otro.

Los electrones son los subcomponentes cargados negativamente de un átomo.

Los electrones se mueven fácilmente a través de ciertos materiales llamados conductores (cobre, plata, oro). Estos materiales en sí contienen electrones en movimiento libres

Ciertos materiales como madera, plástico, caucho... se llaman aislantes porque no tienen electrones libres y por lo tanto no pueden conducir electricidad.

Cualquier material con más electrones que protones (subpartículas cargadas positivamente) se carga negativamente, y cualquier material con más protones que electrones se carga positivamente.

Al igual que los imanes, los lados opuestos atraen. Los electrones en un material cargado negativamente fluirán libremente en un material cargado positivamente mientras haya un conductor presente entre los dos materiales. Esto se llama una corriente eléctrica.

Una corriente eléctrica se puede describir mejor como el valor de cuantificación de la carga por unidad de tiempo, fluyendo a través de un medio que conduce la electricidad. En física, se denota por el símbolo "A", que significa Ampere y puede ser denotado por:

$I = C/t$

Dónde: C es carga (C) y t es el tiempo (s).

Una batería es un dispositivo que posee energía potencial debido a un desequilibrio de electrones dentro de uno de sus componentes.

Las baterías tienen dos lados, un cátodo (el lado negativo que contiene una gran cantidad de electrones) y un ánodo (el lado positivo que contiene muy pocos electrones). Dado que los electrones generalmente buscan moverse a regiones que carecen de ellos en número suficiente, los electrones en el cátodo buscarán moverse al ánodo, lo que generará un potencial electromóvil (EMF).

El EMF almacenado en una batería es lo que lite un LED y gira un motor. Este EMF también se llama la diferencia potencial, o más popularmente Voltaje (V / U) y se representa como J / C.

La cantidad de energía que una batería puede liberar por segundo varía de un diseño a otro. Esta peculiaridad de las baterías y otras unidades de generación de voltaje se describe como **Potencia** y es designada por la unidad J/s, que generalmente se conoce como Vataje.

Al dibujar un circuito, la potencia se dibujará como si fluye desde el ánodo hasta el cátodo para mayor comodidad. En realidad, la corriente fluirá desde el cátodo hasta el ánodo (debido a la diferencia en el número de electrones en ambos lados de la división).

La mayoría de las baterías, están construidas para regular la velocidad de esto, y eso determina su vataje.

Las resistencias están representadas por el símbolo "a". Se describen mejor como componentes electrónicos que limitan el flujo libre de electrones dentro de sí mismos. Esto es útil para reducir la velocidad de descarga, que es la rapidez con la que los electrones se mueven de cátodo a ánodo. También es para limitar la intensidad (voltaje) electrones fluyen a través del circuito.

Es ideal para la mayoría de los circuitos que estos valores (voltaje / velocidad de descarga) están limitados debido a la naturaleza delicada de la mayoría de los componentes de circuito que vienen con Arduino.

Están etiquetados con prefijos K "kilo", n "Nano" ...

Código de color de las resistencias:

Las resistencias vienen diseñadas en 4 a 5 bandas, todas las cuales detecta diferentes combinaciones de colores.

Para entender el valor de la resistencia (1000o, 200o, 0,3o...), es necesario calcular para ellos utilizando el código de color.

Las primeras 2 (o 3) bandas son los 2 (o 3) primeros dígitos del valor, y la 3a (o 4a) banda es la potencia de diez que viene después de esos 2 (o 3) dígitos.

Esto a veces se llama el multiplicador; es sólo el número de ceros que tienes que añadir.

La última banda es la tolerancia y suele ser de plata u oro.

Un ejemplo es; rojo, rojo, rojo, oro (22 x 100o a 2.200o a 22 x 102 x 2,2k, con una tolerancia del 5%).

Otro ejemplo será; verde, azul, negro, marrón, rojo (560 x 10o a 5.600o a 5,6k, con una tolerancia del 2%).

Existe una relación entre la resistencia, el voltaje y la corriente que se puede calcular utilizando la Ley de Ohm.

$I = V/R$

donde yo es la corriente (Amps), V la tensión (Voltios), y son la resistencia (Ohms). Esta es la fórmula más importante en cualquier cálculo electrónico que va a hacer para Arduino, **así que por favor recuérdalo!**

El condensador

Un condensador es un pequeño componente electrónico que almacena cargas eléctricas para un circuito. Los condensadores se utilizan en Arduino para dar al programador más control sobre cómo fluye la energía en el circuito.

Dado que, el condensador es capaz de almacenar la carga electrónica en un campo eléctrico, mediante su uso dentro del circuito, puede generar voltajes analógicos bajo el control del programa con una simple función **"analog Write()"**.

Los condensadores, como las resistencias, son por sí mismos inútiles como parte del circuito. A menudo se conocen como componentes pasivos. Sin embargo, cuando se combinan con otros componentes del circuito, se vuelven inmensamente útiles.

El condensador también proporciona protección contra el sobre flujo de relés.

Arduino IDE (Software)

La programación generalmente se puede hacer con un simple bloc de notas. De hecho, a menudo se recomienda que aprendas con él. **No vamos a hacer eso aquí.**

La programación de Arduino se realiza con Arduino IDE (Integrated Development Environment).

Descárguelo aquí (https://www.arduino.cc/en/Main/Software)

Instalación:

Para Windows:

- Vaya a https://www.arduino.cc/en/Main/Software, seleccione descargar y haga clic en instalador de Windows.

- Haga clic en Descargar.

- Haga clic en el archivo descargado para ejecutarlo.

- Conceda permiso de administrador.

- Acepte el Contrato de licencia.

- Seleccione las casillas adecuadas (necesitará el software Arduino y el controlador USB).

- Se solicitará una carpeta de instalación, haga clic en siguiente o escriba en otra carpeta.

- Haga clic en instalar.

- Se le preguntará si desea o no instalar el controlador USB Arduino (software del dispositivo), seleccione instalar.

- Tendrá que esperar unos minutos, y cuando se complete la instalación, inicie el IDE de Arduino.

Para Ubuntu:

- Vaya al sitio, vaya a Descargar y seleccione la versión de Linux.

- Haga clic en Descargar.

- Abra una ventana de terminal con este comando: CTRL+ALT+T y, a continuación, ejecute los siguientes comandos. Cambie los nombres de archivo según corresponda

- Descargas de cd

- correr después de eso: tar xf arduino-1.6.11-linux64.tar.xz

- ejecutar esto después de: sudo mv arduino-1.6.11/ /opt/arduino-1.6.11/

- a continuación, ejecute esto: /opt/arduino-1.6.11/install.sh

- esto añadirá el dailout: sudo usermod -a -G dialout $USER

Lo que hacen los comandos anteriores es: abre la carpeta Descargas, luego descomprime el archivo descargado, luego mueve el archivo descomprimido a la carpeta "/opt/" y, finalmente, ejecutará el script de instalación.

A continuación, el script de instalación creará un archivo de escritorio y también se creará un archivo de tipo MIME para asociar archivos ".ino" con el IDE. Por último, agregue el usuario "a - append" al grupo 'dialout' (-G). Esto permitirá que el IDE acceda a los puertos serie.

Al abrir el IDE, notará el gris "Herramientas > Puerto". Al agregar correctamente el grupo 'dialout' elegido al IDE, la opción se habilitará. Tendrá que cerrar el IDE y volver a abrirlo para que esto suceda.

O puede ver los pasos de instalación como se proporciona aquí: (https://tutorials.ubuntu.com/tutorial/install-the-arduino-ide#0).

Arduino IDE + Teensyduino:

Necesitará el complemento Teensyduino para el IDE de Arduino si tiene una placa Teensy. Puede encontrar una guía de instalación completa aquí https://www.pjrc.com/teensy/td_download.html/.

Teensyduino no es compatible con las últimas versiones (1.6.10 y 1.6.11) del IDE de Arduino, por ahora, por lo que tendrá que descargar esta versión (1.6.9).

Usted puede encontrar un error al instalar Arduino: Si este es el caso, intente ejecutar el comando

sudo chmod +x /opt/arduino-1.6.6/install.sh

Esto agrega (+) el permiso para ser ejecutado (x).

A continuación, a partir de los pasos de instalación anteriores para ubuntu, intente ejecutar: /opt/arduino-1.6.6/install.sh de nuevo.

Capítulo 3

Trabajar con Arduino

Preparación de su espacio de trabajo

Arduino se hace generalmente en una mesa libre de alfombras, pero su elección de espacio de trabajo también depende de cómo su Arduino debe ser alimentado. Para el trabajo alimentado por el cable USB, podría tener sentido usar la mesa del ordenador. Para el trabajo alimentado con una batería tendrá más sentido utilizar una mesa cubierta de plástico seco / goma con sólo el suelo debajo. Como mencioné anteriormente, por favor manténgase alejado de los materiales que pueden generar una carga estática de su lugar de trabajo.

Para comenzar a usar Arduino, asegúrese de que tiene todos los componentes vitales enumerados anteriormente, y que ha seguido los pasos necesarios para descargar el IDE en su ordenador.

Una vez que haya hecho eso, puede continuar con el siguiente tema.

Trabajar con su primer Arduino

Para su primer trabajo operando su Arduino,

1. Abra su **IDE** de Arduino haciendo doble clic en él. Hay varias opciones enumeradas en el encabezado de la aplicación, seleccione **Archivo** y, a continuación, mantenga el mouse sobre **Ejemplos** y mantenga el mouse sobre **01.Basics**. En las opciones proporcionadas, seleccione **Parpadeo**.

2. El siguiente paso es decirle al software el tipo de Arduino con el que va a trabajar. En el encabezado, seleccione **Herramientas,** luego pase el cursor sobre la opción **Tablero** y seleccione Arduino **Uno** (o cualquier otra placa que haya comprado).

3. El siguiente paso es conectar su Arduino usando el cable USB que se ilustró anteriormente. Tenga en cuenta cuidadosamente el puerto a través del cual se conectó su Arduino. Será relevante en breve. El LED de las placas se iluminará sobre usted haciendo esto.

4. A continuación, tendrá que seleccionar el puerto de comunicación al que está conectado Arduino. Para ello, seleccione **Herramienta**s en el encabezado y, a continuación, haga clic en **Puerto**. Si su puerto aún no está etiquetado con el Arduino Uno, desenchufe su Arduino del ordenador y vuelva a conectarlo. Una vez que aparezca la **placa,** seleccione el puerto que contiene el Arduino. Debe

ser etiquetado como" **Arduino/Genuino** Uno". En Windows, es probable que el puerto se etiquete como "COM3" y puede etiquetarse como "dev/cu.usbmodem1461" en OS X.

5. Haga clic en **Cargar** para transferir el sencillo programa **Blink** a la placa Arduino. También puede usar **CTRL+U** para cargar el código.

6. Esto hará que los LED de la placa etiquetados TX y RX parpadee, y el software mostrará el mensaje **"Hecho de** cargar".

7. El LED etiquetado como L comenzará a parpadear como lo hizo inicialmente al conectar el Arduino.

8. Felicidades, acabas de decirle a tu junta qué hacer por primera vez.

9. El siguiente paso es así alterar el código un poco y ver cómo las modificaciones influyen en lo que hace el LED y cómo parpadea.

10. El término compilación se utiliza a menudo para describir cómo el código legible que escribió se convierte en un archivo de números binarios. Así es como Arduino lee su programa (en binario). El archivo binario se carga en la memoria del Arduino durante la carga.

*Nota: Si el **puerto** seleccionado no es el que está conectado al Arduino, se mostrará un mensaje de error una vez que intente cargar el código de parpadeo. Consulte esto para obtener una lista de errores comunes en Arduino y cómo resolverlos* "https://www.arduino.cc/en/Guide/Troubleshooting".

El código simple de parpadeo

Aquí, explicaremos las diversas cosas que componen el código que acaba de cargar y cómo puede alterar lo que hace su tablero cambiando las cosas en él.

Ahora para examinar el código. Una cosa que se nota fácilmente cuando se hace clic en el código es que algunos textos aparecen en el espacio de trabajo (el amplio espacio de escritura que cubre la pantalla al abrir el software). Este es el código que le dice a la Junta qué hacer.

Arduino no tiene lenguaje de programación propio. Los códigos que escribirá para utilizar su Arduino son simplemente combinaciones de los lenguajes de programación C y C++.

Las primeras 14 líneas más o menos serán más ligeras que el resto, y examinarlas de cerca mostrará que se colocan dentro de estos signos "*/" y "/*". Esto es lo que se llama un comentario: un comentario es una línea de palabras que vienen antes o después de un código que describe lo que hace el código u otras cosas importantes para el codificador, pero no influye en lo que hace el código.

Un comentario puede ser de varias líneas o de una sola línea, y son casi universalmente más claros en color que el código real. El ejemplo anterior era un comentario de varias líneas, existen comentarios de una sola línea y también se ilustra en la línea 17. Los comentarios de una sola línea utilizan el operador "//comment:" en lugar de "*/comment/*", todo en esa línea será un comentario, y todo después de que vuelva a ser código normal.

Los comentarios también se pueden utilizar para deshabilitar temporalmente un código mediante la codificación simple del código en la etiqueta de comentario, esto permite al programador evitar que el código se ejecute sin tener que eliminarlo. Dado que los comentarios no se ejecutan, no ocupa espacio en la memoria limitada del Arduino y por lo tanto sólo existen en el disco duro.

"void setup()" es lo que examinaremos a continuación.

Esta es una rutina de configuración por lo que sólo se ejecutará una vez cada vez que se inicia el Arduino.

Void es un tipo de datos por el que la configuración no devuelve ninguna información.

Los dos corchetes mostrados anteriormente son algo que se utiliza para pasar datos cada función. Puesto que la **configuración** no requiere datos, los corchetes están vacíos (Esto se tratará mejor más adelante en el libro).

Todo lo que existe entre llaves en el código es código que se ejecuta mientras se ejecuta la configuración. Los soportes en los bocetos de Arduino están destinados a ser cerrados, por favor asegúrese siempre de hacer esto si no desea recibir mensajes de error. El software normalmente debe notificarle de cualquier código no cerrado, resaltando la pieza para usted o simplemente resaltando el soporte de cierre.

"pinMode(13, OUTPUT);" El comando es el primer comando dentro del código que altera el funcionamiento de la placa.

Es posible que pueda adivinar por el nombre; tiene que ver con las filas de pines en su tablero. Estos pines se pueden emitir o introducir como se describió anteriormente. Queremos hacer el pin número 13 una salida. El **pinMode** es un valor ya descrito por el propio software, por lo que es una constante. Designa que lo que cambian los valores entre corchetes es el modo de los pines (salida o entrada). Las constantes se designan con un color azul en el software (si no se modifica).

El primer número designa el número de pin que está modificando como 13 porque el LED parpadeante está conectado al número de pin 13. La coma es dar paso a que se agregue otra constante (el software tratará la coma como una ruptura entre dos valores que describen pinMode).

El valor de salida cambia cl pin número 13 a una salida. El valor es 1 en lugar de la entrada, que tiene un valor de 0. Por lo tanto , **"pinMode(13,   OUTPUT)"**   se   puede   escribir   como **"pinMode(13,1)"**.

Cada instrucción IDE de Arduino termina con un **punto y coma (;)**, como se puede notar en la instrucción anterior.

"voidloop()" es la siguiente función que se ejecutará después de que la configuración descrita anteriormente haya terminado de ejecutarse.

Voidloop es un poco diferente de la configuración del **vacío** porque a diferencia de este último, se ejecuta continuamente, y se repetirá para siempre hasta que se reinicie el Arduino o se cargue otro programa.

"digitalWrite(13, HIGH)" es un comando que al igual que el ejemplo similar anterior describe algo que se debe hacer al pin 13.

Lo que esto hace es designar el pin número 13 como alto, por lo tanto escribir algo digitalmente en la pizarra. El valor alto hace que el pin 13 se conecte internamente al pin de 5V. Puesto que el LED ahora está conectado a través del suelo y al pin 13, ahora habrá una corriente de 5v pasando a través del LED, lo que lo hace iluminarse.

Nota: No aterre el pin 13 una vez que este comando se haya ejecutado. Te freirá la tabla.

Este valor complementario al valor **"HIGH"** es **"LOW"**. Este valor también se puede escribir como "1" para el primero y "0" para el segundo o **"verdadero"** y **"falso"** para el mismo. Si el valor es "bajo", esto establece el pin 13 a tierra, lo que significa que no hay corriente pasará a través de él y el LED se apagará.

"delay(1000)" es la última función.

La función **"delay"**, como su nombre indica, retrasa el código durante exactamente la cantidad de tiempo indicada (en milisegundos: 1000 x 1 segundo), antes de permitir que el Arduino ejecute el siguiente comando.

Una vez que el Arduino lee a la línea 29 (el final del **"void loop()-"**), comienza de nuevo en la línea 25 debido al bucle que ha creado.

La interpretación del código muestra que le estamos diciendo al LED que se encienda y el interruptor se apague durante 1 segundo (retraso), antes de volver a encenderse y repita los pasos de nuevo. Esto provoca el parpadeo presenciado que sucede.

*Nota: si la posición de **"13"** dentro del código se escribe en su lugar como **"led"**,verá la variable **"int led á 13;"** escrito antes del resto del código. Esto le dice al IDE que le permita codificar **"13"** como **"led"**. Por lo tanto, para el resto del código **"led"** significará **"13"**. Esta línea de código se denomina **declaración.***

Alterar el código de parpadeo

Usted será capaz de alterar lo que el Arduino hace haciendo pequeñas modificaciones a su código mediante la modificación del valor en la función **"retardo"**. Al alterarlo de decir 1000 a un valor como 500 (o 200 o 2000). Cargar el nuevo código cambiará la velocidad con la que tu Arduino parpadea de una vez cada segundo a una vez cada 0,5 segundos (o 0,2 segundos o 2 segundos).

Bosquejo

En Arduino, un boceto es sólo otro nombre utilizado para describir lo que podría ser un código cuando se trabaja con cualquier otra cosa, no Arduino. El boceto indica al tablero cómo comportarse y qué funciones debe realizar.

Uso de un resistor

A medida que realmente entras en la programación Arduino, se vuelve más complicado. Para ser honesto, hacer que lo que pasa por una pequeña bombilla parpadee no es algo realmente impresionante. Es por eso que aprenderás a agregar una resistencia aquí.

La física detrás de ella

Antes de comenzar a conectar algo a la placa, es probable que desenchufe de su computadora. A continuación, necesitará saber algunas cosas acerca de su tabla. Necesitarás saber: tu resistencia total, el voltaje de tu LED y su corriente.

Usando esta $\frac{v}{i}$ fórmula R .

Cuantos más LED conectes a tu Arduino, mayor será el valor real de tu corriente y la potencia se distorsiona. Esto significa que usted necesitará saber la resistencia total que sus LEDs darán el flujo de electricidad dentro de la placa.

Conectará la resistencia en serie con el LED (una resistencia conectada directamente al LED). Puesto que sabemos que el voltaje del pin de salida Arduino es +5V, la adición de la tensión de los

LED a la de las resistencias (V_L + V_R) debe dar un valor no superiora 5V.

Esto significa V_R a 5V – V_L.

Puesto que la corriente que pasa a través de la resistencia es igual a la que atraviesa el LED; I_L I R.

Esto significa que podemos decir: R - V_R/ I_R á (5V – V_L)/I_L.

Esto nos permitirá calcular el valor de la resistencia que debe conectarse al LED (R).

La mayoría del trabajo de Arduino utiliza una resistencia de 10K ohmios.

Nota: sustituya 5V por 3.3V si está utilizando un Arduino de 3.3V. Su hoja de datos LED le dirá cuál es su voltaje y amperaje de LEDs (V_L e I_L). Su amperaje no debe exceder de 20mA, cualquier cosa más alta freirá su LED como se advirtió en el capítulo 1. Su R calculado no será exactamente lo que tiene, así que tome la resistencia con el siguiente valor más alto a ella (no debe exceder +1o, o su LED puede iluminarse débilmente).

También calculará la resistencia de su LED utilizando el método anterior o en línea utilizando esta aplicación (https://play.google.com/store/apps/details?id=it.android.demi.elettr onica&hl=en) o esta herramienta (http://led.linear1.org/1led.wiz).

Continuar

La resistencia se puede conectar al ánodo o cátodo del LED sin afectar al circuito, siempre y cuando esté en serie con el LED.

- Ahora tendrá que conectar un cable de puente rojo de pasador etiquetado como 5v al carril horizontal positivo en la placa de pan.

- Del mismo modo, se utilizará un cable azul para conectar desde un pin etiquetado en tierra a la placa de pan negativa carril horizontal. Esta es una configuración que utilizará una y otra vez para el trabajo de Arduino.

- El siguiente paso es conectar un pin amarillo en el pin 13 y el otro extremo debe estar enchufado en cualquiera de las 10 filas etiquetadas en la placa base (c10).

- A continuación, tendrá que conectar otro cable azul de su riel de tierra negativo a cualquier otra fila en la placa de pan (c18).

- El siguiente paso es ahora para que usted conecte su resistencia en la fila d18 (la fila al lado de la que eligió arriba), con la otra pierna enchufada justo debajo de su cable amarillo en c11.

- Por último, tendrá que conectar el cátodo de su LED a la resistencia en d11 y conectar el ánodo al cable amarillo en d10.

- Subir tu nuevo programa encenderá tu LED de nuevo. La corriente corre a través de la resistencia, en su LED y de nuevo en el Arduino en un bucle con un valor de retardo (????).

Ejemplos de bocetos de Arduino en su IDE de Arduino son una gran manera de aprender la programación de Arduino. Simplemente cargue los ejemplos y compárelo con su propio código (depuración) para solucionar cualquier problema que pueda surgir.

Nota: Es posible que deba recortar las patas de la resistencia para reducir las posibilidades de que cualquier pierna abierta entre en contacto con otros cables y corte la placa.

Más LEDs

Esto es algo muy fácil de hacer con Arduino y una pequeña placa de pan. Esto se hará de manera similar a lo que se hizo con la resistencia, pero un poco diferente.

- Conecte los dos pares de rieles de la placa de pan mediante cables de puente. (positivo a positivo y negativo a negativo). El método ampliamente utilizado es el uso de un cable rojo para el carril positivo y un cable azul para el carril negativo. Esto hace que sea fácil distinguir cuál es cuál sin volver a sus pasos. Permite que la energía fluya a ambos lados de la placa de pan.

- El siguiente paso es similar a lo que hizo en el ejemplo de un LED (conecte el pin de 5V a la parte inferior del primer carril positivo usando el cable rojo, conecte el pin de tierra a la parte inferior del primer carril negativo usando el cable azul. Conecte el pin 13 con el cable amarillo como se muestra antes). Repita el resto del primer tutorial para agregar el otro cable azul, resistencia y LED.

- Comenzamos a añadir más LEDs conectando una resistencia desde el suelo (el otro carril negativo) a h12, y un LED con el extremo más corto (negativo) en g12 (misma fila como una resistencia) y el más largo (positivo) en g11.

- Agregue los LED restantes con el mismo patrón que el primero bajando lentamente.

- Ahora usted debe cambiar la posición del cable amarillo en el pin 13 al pin 6 y añadir otra conexión amarilla del pin 5 a f11 en la placa de pan.

- Haga lo mismo para los pines restantes, pasando lentamente del pin 4 – 3.

- Felicidades, has terminado con tu placa Arduino. Ahora es el momento de codificar.

Codificación

El primer paso para la codificación es realizar ciertas declaraciones que puede necesitar usar en el resto del código.

- Puede comenzar declarando **"int timer á 200;"** , esto indica al compilador que un entero llamado "temporizador" debe tener un valor de **"200"** .

- Declare el **"void setup()** ,a diferencia de antes dentro dela "a", declarará;

para (int thisPin n.o 3; thisPin < 8; thisPin++) {

pinMode(thisPin, OUTPUT);

} y ciérrelo con otro **"}"**.

- Lo que esto significa es que la configuración configurará los pines 3 a 7 como salida, ya que el código había declarado que **"let "thisPin"** sea 3, deje que **"thisPin"** sea < 8, deje que **"thisPin"** sean todos los valores (enteros) mayores o iguales a 3 pero menos de 8, ahora establezca **"thisPin"** como salida.

- Esta breve pieza de código junto con el establecer el código en un mini bucle cambiante. Cada vez que se repite el bucle, el valor de **"thisPin"** aumenta en 1. Por lo tanto, por el siguiente bucle en lugar de 3, el valor de **"thisPin"** ahora se establecerá en 4. Esto se repetirá una y otra vez hasta que se complete el bucle.

- Para continuar con el resto del código, ahora tendrá que establecer **la digitalwrite(thisPin, HIGH);"** junto con el resto del código de parpadeo. Si has seguido el ejemplo de parpadeo, entonces ya sabes lo que hace.

- Sin embargo, hay una inclusión. Dado que la declaración **"void loop(){"s "for"** cambia de valor, tendrá que declarar

"para (int á thisPin 3; thisPin < 8; thisPin++) {

Esto indica al bucle que ejecute el comando una vez antes de cambiar el valor de "thisPin" al siguiente.

- Puesto que no queremos que los LED se enciendan uno tras otro antes de apagarse, incluiremos **"digitalwrite(thisPin, LOW);"** después de declarar el " **delay(timer)"** . Esto hace que el LED se apague después del retraso.

- Sin embargo, dado que el valor de **"thisPin"** cambia a medida que se repite el bucle, el LED cambia a medida que la luz parpadea. Esto hace que los LED parpadee uno tras otro en una fila suave, desde el conectado al pin 3 al conectado al pin 7.

- Este es un método simple de conectar varios LED y un ejemplo de cómo codificar tal cosa. Explicaremos más a medida que cubramos más temas.

Nota: este código también se puede hacer escribiéndolo como:

para (int thisPin n.o 7; thisPin >- 3; thisPin- -) {

pinMode(thisPin, OUTPUT);

}.

Esto hace exactamente lo que hace el código anterior, pero en lugar de aumentar el valor de "thisPin" a medida que se ejecuta el mini-loop, lo disminuye hasta que llega a 3, antes de empezar de nuevo.

*">" significa mayor o igual que (el valor incluirá el entero), "<-"
significa menor o igual que (el valor incluirá el entero), "<"
significa menor que (el valor no incluye el entero), ">" significa
mayor que (el valor no incluye el entero).*

Optimizar

El código anterior es un ejemplo de código optimizado. Hace todo lo
que necesita para hacer, mientras que requiere sólo la cantidad más
corta de código.

La optimización en la codificación es el proceso de reducir el
código al mínimo necesario para que lleve a cabo la función exacta
necesaria. Un código optimizado es aquel que no contiene palabras
adicionales que se pueden hacer de otra manera para que sea un
código más corto.

Hay muchas maneras de escribir código. El código de parpadeo para
varios LED, como se muestra arriba, podría escribirse de una
manera diferente. Otra forma de escribir este código es:

```
void setup()
  pinMode(3, OUTPUT);
  pinMode(4, OUTPUT);
  pinMode(5, OUTPUT);
  pinMode(6, OUTPUT);
  pinMode(7, OUTPUT);
}
```

```
void loop() ?

para (int thisPin n.o 3; thisPin < 8; thisPin++) ?

  digitalWrite(thisPin, HIGH);

delay(timer);

  digitalWrite(thisPin, LOW);

}
```

Esto hace exactamente lo que hace el código anterior. Sin embargo, es casi el doble de largo. Se trata de un código **no optimizado.**

La marca de un buen programador es la capacidad de escribir un código en la menor cantidad de palabras posible sin afectar su acción.

Otra ventaja de los códigos optimizados es que se ejecutan más rápido que el código normal, ya que el equipo lee todas las declaraciones más rápido. Esto podría no tener ningún efecto en la velocidad de la luz que se enciende, pero a medida que el código se hace más grande, el efecto se compone lentamente y el código se ejecuta más lento.

Capítulo 4

Explorar Arduino

Másketches Simples

Se descolora

Encender varios LED es un poco más impresionante que hacerlo con un solo LED. ¿Qué tal algo más desafiante, como hacer que el LED se desvanezca? Esto es posible hacer con Arduino. Vamos a utilizar la función: **"analogwrite() ;"** . Lo que esto hace es simular la apariencia de brillo entre el escenario de encendido y apagado usando algo llamado **PWM** (modulación de ancho de pulso).

- Conecte el LED de nuevo como cuando practicó el ejemplo de parpadeo, pero cambie la posición del pin del cable amarillo al pin 9 del pin 13. Todo lo demás será igual. Conecte Arduino de nuevo en el sistema y asegúrese de que su puerto está seleccionado correctamente.

- **int led n.o 9;**

  brillo int a 0;

  int fadeAmount á 5;

```
void setup()

    pinMode(led, OUTPUT);

    }

void loop() ?

    analogWrite(led, brightness);

    brillo - brillo + fadeAmount;

    si (brillo <-0 - brillo > 255) ?

    fadeAmount - -fadeAmount;

    }

retardo(30);

}
```

- Lo que hace el código es:

1. Establezca el valor de led para representar 9, el valor de brillo como 0 y el valor de **fadeAmount** como 5

2. La **configuración void** declara el pin número 9 como salida.

3. **analogWrite** entonces configura el pin 9 a cualquier brillo que se da en el momento

4. A continuación se muestra la función **fadeAmount** que establece cuánto aumenta el **brillo** como 5

5. A continuación, la instrucción if comprueba si el brillo es menor o igual a cero o si es mayor o igual a 255

6. Por lo tanto, el código se ejecuta para aumentar el brillo hasta que alcanza 255

7. Una vez hecho esto, el código aumenta de nuevo el brillo en un 5 negativo, hasta que llega a cero

8. La declaración de retardo es para evitar que el código se ejecute tan rápido que no se ve el efecto de desvanecimiento

- Cargue el código y reinicie su Arduino. El LED comenzará a desvanecimientos de entrada y salida.

Como mencionamos anteriormente, esto es en realidad una manipulación de cómo el Arduino interpreta el código. Arduino normalmente sólo puede generar señales digitales.

Botón

Conectar un botón a Arduino no es muy difícil. Es diferente de lo que ha estado haciendo hasta ahora porque en lugar de simplemente hacer código de salida, para que el Arduino funcione, tendrá que hacer la entrada. El Arduino leerá la entrada del botón e interpretará qué hacer en función del código que haya cargado.

- Al igual que lo hizo con su primer Arduino, conecte los cables azules y rojos a los rieles de alimentación de su placa de pan. A continuación, conecte el cable amarillo a los pines 13 y d6.

- Conecte ambos lados del carril de la placa de pan, conectando dos lados positivos juntos y dos lados negativos juntos.

- Conecte su resistencia al riel negativo (no estamos usando otro cable para conectara a la placa de pan) y a d5.

- Conecte su LED a e5 y e6 usando lo que ha aprendido hasta ahora.

- Otro cable amarillo se utilizará para conectar el pin 2 a b18 y una resistencia se encuentra entre a18 y un carril de la placa de pan positivo.

- Por último, el botón debe estar entre e16-e18 dependiendo del tipo de botón y f16-f18. A continuación, g16 se conectará al riel de alimentación negativo en el otro lado como se ilustra arriba.

Ahora que tienes que codificar cómo se ve tu tablero en tu IDE

const int buttonPin = 2; // declaration of "buttonPin" {it is connected to pin 2} to represent the value 2:

const int buttonPin 2; declaración de "buttonPin" (botónPin) (botónPin) (file) está conectado al pin 2 para representar el valor 2:

const int ledPin 13; declaración de "ledPin" para representar el valor 13:

```
int buttonState á 0; declaración de "buttonState" para
representar el valor 0:
void setup()
        pinMode(ledPin, OUTPUT); declara el LED como salida:
        pinMode(buttonPin, INPUT); declara el pulsador como
        entrada:
}
void loop() ?
        buttonState = digitalRead(buttonPin); // reads the state of
        the pushbutton:
        si (buttonState ? LOW) // comprueba si el pulsador está
        presionado actualmente:
                {
                digitalWrite(ledPin, HIGH); // The LED turns on:
                }
        // si no se pulsa el pulsador":
        {
                digitalWrite(ledPin, LOW); // The LED turns off:
        }
}
```

La interpretación de este código es bastante obvia. El Arduino lee el
código de arriba hacia abajo, por lo que si se presiona el botón (la
corriente fluye a través del botón, por lo tanto, se llama HIGH), el

LED se enciende. Si no se presiona (ninguna corriente fluye a través del botón, por lo tanto, se llama LOW), el LED se apaga. Esta es la función de los atributos **"if"** y **"else"**.

El monitor serie

Esta es una herramienta utilizada por los programadores utilizados para registrar diferentes puntos de su código en el ordenador. Utiliza la misma construcción de circuito como la del tutorial de botón anterior, sin el LED. El código tiene el siguiente diseño:

int pushButton 2; el pulsador de nombre se da al pin 2:

void setup()

    Serial.begin(9600); // initializes serial communication at 9600 b/s:

    pinMode(pushButton, INPUT); declara el pasador del pulsador como entrada:

}

void loop() ?

    int buttonState á digitalRead(pushButton);

    lee el estado del pulsador:

    Serial.println(buttonState); // prints out the state of the button:

    Retardo(3); esto es puramente para la estabilidad:

}

}

Una vez que se carga el código y el Arduino lo compila.

También puede hacerlo abriendo el vínculo de encabezado de archivo en el IDE siguiendo estos pasos:

Archivo -> Ejemplos -> 01.Basics -> DigitalReadSerial. Esto abre un código similar al anterior.

Una vez hecho esto, se abre una ventana en el IDE en la esquina superior derecha. El número dentro del código **"serial.begin();"** se llama velocidad de datos en bits por segundo.

Al cambiar los valores descritos, puede ver fácilmente lo que realmente está sucediendo en la placa, si el pin 2 es realmente ALTO o si es BAJO o si el pin 13 es realmente salida o entrada. Esto hace que el código del monitor serie sea una cosa muy útil al solucionar problemas de su Arduino.

Sensores y entrada

La configuración de los LED era una simple función de salida. Para utilizar la entrada, necesitamos un conjunto de componentes llamados sensores.

Sensores y actuadores

Una buena definición para un sensor sería "*un objeto con el propósito de detectar eventos y cambios en el entorno mientras se produce una salida correspondiente*"

Por lo tanto, un sensor puede "escuchar" el entorno físico e interpretarlo para producir datos digitales. El actuador encendido, por otro lado, es un dispositivo que convierte la energía en movimiento. Ambos dispositivos son sólo dos caras de una moneda. Un actuador convierte los datos digitales en salida y un sensor convierte los factores ambientales en una entrada.

Usando el ejemplo de un calentador, el calentador estará diseñado para aumentar la temperatura para decir "300K". ¿Cómo sabe el calentador cuando la temperatura es de 300K? Esto se hace mediante un sensor que se habrá incluido en el diseño del calentador.

Arduino es capaz de tratar con entradas analógicas y digitales, pero solo puede manejar salidas digitales. Los sensores suelen comunicarse en analógico, pero la mayoría tienen un pequeño circuito que es capaz de traducir analógico en un valor digital. Esto se debe a que mientras que la información digital se presenta en binario, la información analógica se presenta como variaciones de amplitud. Por lo tanto, se introducen pines analógicos en Arduino.

Sensor de temperatura

Un sensor de temperatura hace lo que su nombre indica; detecta cambios de temperatura. Un programa básico popular es conectar un sensor de temperatura a una pantalla LCD y Arduino para que muestre la temperatura actual. La mayoría de los aparatos grandes lo utilizan para monitorear sus propios cambios de temperatura internos para evitar aumentos dañinos de la temperatura.

Sensor de emisión infrarroja

Esto se utiliza para transmitir la luz a una frecuencia de 38KHZ (infrarrojo). La frecuencia de emisión real depende principalmente del modelo. Se utiliza para enviar código de un Arduino a otro o incluso para controlar un televisor. También se conoce como un "diodo emisor de infrarrojos".

Fotorresistor

Esto es básicamente una resistencia dependiente de la luz. Su resistencia varía con la intensidad de la luz a la que está expuesta. Esto se utiliza como un sensor para construir equipos que sólo funcionan cuando hay luz, o que se apaga cuando hay luz, como una cafetera sensible a la luz.

Sensor de sonido

Esto ha demostrado ser muy popular entre los creadores de cambiadores de voz. El sensor es capaz de detectar cambios en el sonido circundante, e interpreta estos cambios como datos. Por lo general tiene sensibilidad ajustable.

Sensor de golpe

Esto se utiliza para construir cerraduras sensibles al golpe. Detectan el sonido de un golpe. Para la mayoría de las compilaciones, están conectadas a LEDs que se encienden cuando el sensor detecta a alguien golpeando.

Hay muchos otros tipos de sensores disponibles, y no podemos enumerarlos todos.

Modulación de ancho de pulso

La modulación de ancho de pulso es un tipo de señalización digital que ha demostrado ser increíblemente útil para los programadores de todo el mundo. Es utilizado por ingenieros y diseñadores de circuitos para crear circuitos con controles sofisticados.

Es muy común y útil para las personas que trabajan con Arduino.

PWM permite al programador cambiar el tiempo que el pin Arduino pasa en HIGH en analógico a un intervalo consistente.

PWM es utilizado por los programadores de Arduino para realizar un control fino sobre los componentes del circuito que normalmente no pueden funcionar a tales niveles finos. Es especialmente popular para controlar el brillo de las unidades de visualización (LED RGB, LCD...), afinando el agarre de los brazos de un robot, etc.

El término ciclo de trabajo se utiliza generalmente para describir esta diferencia en la cantidad de tiempo que una señal es alta en comparación con cuando es baja. Esto se calcula en porcentajes. El "a tiempo" describe cuando la señal es alta.

Por lo tanto, si una señal (5V) tiene un ciclo de trabajo del 50%, usted está recibiendo sólo 2.5V de electricidad en realidad.

Aparte de los LED de atenuación, esto también se utiliza para reducir el consumo de energía de Arduino al alterar digitalmente la cantidad de corriente que se suministra sin tocar realmente la placa.

Interruptores

Un interruptor es un dispositivo mecánico que es capaz de romper un circuito o conectarlo. Es sólo un pequeño pulsador en una placa completa. Sin embargo, su importancia no se representa por su pequeño tamaño. Cualquier placa Arduino que fue construida para su uso debe tener un interruptor, esto es para dar un grado de control al usuario, lo que le permite controlar si el dispositivo debe estar funcionando actualmente o no.

Un boceto del sensor

Este será un ejemplo usando un sensor real. Vamos a demostrar esto usando un potenciómetro. El intento es construir Arduino que es capaz de sinnúmero de ondas sonoras.

Un sensor ultrasónico emite sonido a una frecuencia de 40.000HZ. Este sonido rebota en el sensor, que registra el tiempo como datos. El sensor interpreta los datos utilizando la relación entre el tiempo y la velocidad.

VCC, Echo, Ground y Trig son los cuatro pines que se pueden encontrar en un módulo ultrasónico HC-SR04. Para hacer Arduino que pueda detectar la distancia, conectamos los escudos del pin VCC al pin 5V en Arduino, el pin de tierra se conecta al otro pin de tierra, mientras que los pines Trig y Echo se conectan al pin 9 y 10 en el Arduino.

El código se encuentra aquí. Los comentarios dentro del código explican lo que hacen las distintas secciones de código.

https://howtomechatronics.com/tutorials/arduino/ultrasonic-sensor-hc-sr04/

La distancia se calcula multiplicando la duración por 0,034 y dividiendo el resultado por 2. Este es un ejemplo bastante simple de un boceto del sensor.

Puede experimentar libremente utilizando diferentes tipos de sensores.

Lógica Arduino

void setup( )

    declaraciones-1;

    .

    .

    .

    statement-n;

    }

bucle void ( )

    declaración-1;

    .

    .

    .

    statement-n;

    }

Lo anterior es un ejemplo simple de cómo debe ser un código Arduino. La mayoría de los códigos Arduino seguirán este sencillo diseño básico. Hay **dos bloques** para la programación de Arduino, la **Preparación y la Ejecución.** Cada bloque siempre está encerrado entre llaves. La configuración (), es el bloque de preparación. Loop () es el bloque de ejecución, y todo lo que contiene es lo que el Arduino lee para determinar su función.

La función de configuración inicia la comunicación en serie. Es donde usted declara si su pin debe ser de salida o entrada como habíamos explicado anteriormente. Una vez que se ha declarado la configuración, la placa comienza a leer los números de los pines y los establece como entrada/salida.

configuración del vacío ( )

> {
>
> **pinMode (número de pin, OUTPUT); esto establecerá el 'número de pin' como una salida**
>
> **pinMode (número de pin, INPUT); esto establecerá el 'número de pin' como una entrada**
>
> }

Los códigos entre el bucle se ejecutan continuamente. El código se ejecuta desde el principio del corchete hasta el final del mismo, antes de volver al principio para empezar de nuevo, hasta que el Arduino está apagado.

Lazo del vacío ( )

> **digitalWrite (número pin,HIGH); esto encenderá el componente conectado al 'número de pin'**
>
> **(500); esto hace que la placa mantenga su configuración actual para 0.5s**
>
> **digitalWrite (número pin, LOW); esto apagará el componente conectado al 'número de pin'**
>
> **(500); esto hace que la placa mantenga su configuración actual para 0.5s**
>
> **}**

La declaración a veces viene antes de la configuración, pero siempre se lee como parte de la configuración. Normalmente toman la forma del atributo int, que significa entero. Se utilizan para cambiar ciertas funciones sobre cómo se interpreta el código una vez que comienza a ejecutarse.

Todas las instrucciones de un código terminan con un punto y coma.

int led n.o 9;

brillo int a 0;

desvanecimiento int 3;

void setup( )

}

Hay miles de sintaxis Arduino por ahí. Es imposible para nosotros pasar por todos ellos. Sin embargo, examinaremos algunos.

Variables

Constantes

Constantes de punto flotante: esta variable es similar a las constantes de enteros. Se utilizan para hacer que el código sea legible. Permiten el uso de variables científicas como e y E.

Constantes de enteros: esta variable consta de números. Se tratan automáticamente como base 10, pero se pueden modificar con modificadores como; 10 (decimal), 2 (binario), 8 octal.

ALTO ? LOW: Estas variables especifican los dos valores de un pin (HIGH/LOW). Para **la entrada:** HIGH se informa cuando el voltaje en el pin es mayor que3.0V para las placas 5V y 2.0V para las placas 3.3V **O** para la **salida:** HIGH se informa en 5V para las placas 5V y 3.3V para las placas 3.3V.

Para **la entrada:** LOW se notifica cuando el voltaje está en1.5V para las placas 5V y 1.0V para las placas de 3.3V **O** para la **salida:** LOW se notifica como0V para las placas 5V y 3.3V.

ENTRADA ? SALIDA ? INPUT_PULLUP: Esta función cambia el comportamiento eléctrico de un pin con **"pinMode()"**. Pines configurados como **INPUT;** hacer demandas extremadamente pequeñas en el circuito en el que están. Para **INPUT_PULLUP;** Esto es lo mismo que la entrada, pero en lugar de las resistencias externas que se utilizan para reducir las demandas de voltaje, el circuito utilizará su propia resistencia pull-up interna. Para **SALIDA;** Esto hace que el pin en la potencia de conductores exigentes en el circuito, lo que permite que el voltaje completo de la placa fluya en ellos. **LED_BUILTIN** ; Esta variable estipula el pin al que está conectado el LED de a bordo. Esto suele ser el pin 13.

verdaderos false ; Se trata de constantes booleanas. False se define como 0 y true se define como 1. Cualquier entero que no sea cero es true, pero true se utiliza a menudo para representar una instrucción true. Se escribe en minúsculas, a diferencia de las otras variables.

Tipos de datos

Se dice que los tipos de datos variables que superan su capacidad máxima o mínima se **desbordan.** Esto provoca resultados impredecibles. Para evitar este problema, algunos programadores utilizan tipos de datos sin signo como "**unsigned int, unsigned long, unsigned char**".

String(val); String(val, base); String(val, decimalPlaces); Esto construye una instancia de la clase de cadena. Devolverá una única instancia de la clase string. Permite varios tipos de datos. **matriz;** Se trata de variables de una colección a las que se puede tener acceso con un número de índice. Ejemplos son;

> **int my[6];**
>
> **int myT[] á 2,4,6,8o;**
>
> **int myTs[6] á 2,4,-8,3,**

Char message[6] á "hola";

Todos los métodos anteriores son válidos para la declaración de una matriz.

Se tiene acceso a las matrices declarando;

myT[0] 2, myT[4] -8,...

Esto significa que el último índice declarable para una matriz es "n-1". C++ no comprueba si la matriz que declaró es legal o no. Tenga cuidado de no exceder el número de matrices que declaró si no desea errores.

bool: Contiene uno de los dos valores (true/false).
booleano: Este es un término no estándar para bool en byte
Arduino:
Esto almacena unnúmero sin signo de 8 bits. Es de 0-255.
char: se utiliza para almacenar valores de caracteres. Utilice este tipo de datos únicamente para almacenar caracteres. Ocupa 8 bytes
dobles: Se implementa como float y ocupa 4 bytes. Es un número flotante de doble precisión.

float : Este es un tipo de datos para números con puntos decimales. Se utiliza popularmente para aproximar valores analógicos y continuos debido a su mayor resolución en comparación con los enteros.

Flotador debe evitarse en los cálculos matemáticos porque solo pueden contener 6-7 caracteres, sus valores absolutos son diferentes y se ejecutan más lento en comparación con las matemáticas de enteros. Float se tratará como entero a menos que agregue un punto decimal.

int: Estos son el tipo de datos principal. Es un almacenamiento numérico y almacena un valor de 2 bytes (2 bits). Almacenan números negativos por "2's complement math" y el bit más alto se llama el bit "signo".

largo: son variables que almacenan 4 bytes (32 bits), son variables de tamaño extendido para el almacenamiento de números. L se agrega al menos a un número cuando se hacen matemáticas reales con enteros.

corto: este tipo de datos es de 16 bits.

cadena: hay varias versiones construcciones de cadena, pero todas se pueden representar de dos maneras. Una cadena se puede hacer de un tipo de datos o de una matriz (hecha a partir de tipo char) y simplemente terminarla en null. Los ejemplos para el primer tipo se describirán en la **función**. Las cadenas normalmente terminan automáticamente con un carácter nulo "ASCII code 0". Esto permite que la función **"serial Println()"** y otros como él para decir dónde termina una cadena y terminar allí. Las cadenas tienen un carácter más que el texto que contiene.

char str1[15];

char Str1[8] á 'a', 'b', 'c', 'd', 'e', 'f', 'g';;

char str7[8] á 'a', 'b', 'c', 'd', 'e', 'f', 'g', "g";

char str8[] á "Arduino";

char str9[8] á "Arduino";

char str5[15] á "Arduino";

Todas las cadenas anteriores son correctas y se ejecutarán sin errores.

Nota: Las cadenas siempre se definen en una comillas dobles ("bvc") mientras que los caracteres están en una comilla simple ('fds').

void: se utiliza solo para declaraciones de función. Significan que la función no debe devolver ninguna información a la función desde la que se llamó.

palabra: Este tipo de datos almacena un número sin signo de 16 bits (2 bytes).

Estructuras

Bosquejo

setup(): Esto es lo que se llama para iniciar un boceto. Se utiliza para inicializar variables, pinModes... Sólo funciona una vez.

loop(): Esto hace exactamente lo que su nombre dice. Se ejecuta después de la **configuración** y lo hace para siempre y sin fin. Es lo que controla activamente el tablero.

Operadores aritméticos

% (resto) : Calcula el resto después de una operación de división aritmética. No funciona en flotadores y es útil para mantener las variables dentro del rango. Si su primer valor es negativo, el resultado será negativo.

* (multiplicación): Este operador multiplica dos valores juntos. A menudo provoca un desbordamiento porque es fácil que el resultado supere el tipo de datos en este tipo de operación.

Si alguno de sus tipos de datos es flotante o doble, se utilizarán matemáticas de punto flotante para obtener el resultado.

+ (adición):

- (resta): Este operador encuentra la diferencia entre dos tipos de datos. Puede desbordarse fácilmente si el resultado es menor que el rango de tipos de datos. Al igual que con la multiplicación, se utiliza matemáticas de punto flotante si uno de los datos es de tipo float o double.

/ (división): Esto opera en dos tipos de datos para producir una división de los datos inferiores a partir de los datos superiores. Las matemáticas de punto flotante también se utilizarán para el resultado si uno de los tipos de datos es floator double.

(operador de asignación): Esto indica al microcontrolador que evalúe la variable o el tipo de datos a la derecha del operador de asignación y almacene dichos datos a la izquierda.

Estructuras de control

break : **Esta es una estructura utilizada para salir de** instrucciones condicionales. También se puede utilizar para salir de una caja de interruptores. La instrucción break omite la condición de bucle normal.

continúe : Esta estructura omite el resto de la iteración actual de los bucles. Es una instrucción condicional que contiene condiciones como (para, while (mientras que)...). El Arduino comprueba la condición y procede si se cumple dicha condición.

hacer... mientras que : Esto hace lo mismo que la estructura while, pero se ejecutará después del bucle, por lo tanto, haciendo que el bucle se ejecute al menos una vez, incluso si no cumple con la condición requerida.

de lo contrario : Esto permite la agrupación de múltiples pruebas. Solo se ejecutará si el resultado de la instrucción "if" produce "false". Las pruebas continuarán hasta que rinda "true". Si ninguna de las condiciones informa "true", se lleva a cabo la operación predeterminada. Normalmente se utiliza con la instrucción "if", para conceder un poco más de control a la instrucción.

para : Esta instrucción repite un bloque de instrucciones. Utiliza un contador de incrementos para terminar el bucle. Es útil para cualquier operación repetitiva y a menudo aparece con matrices que operan en colecciones de datos.

goto : Esto transferirá el flujo del programa a un punto especificado en el programa. Permite al Arduino omitir ciertos códigos. Permite al programador colocar su código sin tener que preocuparse por dónde está.

si : Esta estructura se utiliza para comprobar si hay una condición y la instrucción de procedimiento se ejecutará si la condición es "verdadera".

return : Se utiliza para terminar una función y devolver el valor de esa función en caso de que se llame.

mientras que : Esto se utiliza para bucle una instrucción infinitamente hasta que la condición de la instrucción finalmente demuestra "false". Solo se aplica a las variables de prueba que cambian mientras se ejecuta el código.

Operadores booleanos

! (lógico no) : Esto informa como "true" sólo si el operador es "false" y "false" sólo si el operador es "true"

&& (lógico y): este es un operador lógico que notifica "true" solo si ambas condiciones son "true".

|| (lógico o): Esto informa como "true" si incluso uno de los operadores 2 es "true".

Operadores de comparación

!o (no es igual a) : Compara las variables de ambos lados e informa "true" si no son iguales, de lo contrario informa "false". Solo debe comparar variables del mismo tipo de datos, de lo contrario puede obtener resultados impredecibles. Los números negativos son menores que los positivos.

< (menos que): esto compara las variables en ambos lados del operador. Devolverá "true" si el operador de la izquierda es menor que el de la derecha. Los números negativos son menores que los positivos. Solo debe comparar variables del mismo tipo de datos, de lo contrario puede obtener resultados impredecibles.

<o (menor o igual que): esto compara las variables en ambos lados del operador. Devolverá "true" si el operador de la izquierda es menor o igual que el de la derecha. Los números negativos son menores que los positivos. Solo debe comparar variables del mismo tipo de datos, de lo contrario puede obtener resultados impredecibles.

(igual a): Compara las variables de ambos lados e informa "true" si son iguales, de lo contrario informa "false". Solo debe comparar variables del mismo tipo de datos, de lo contrario puede obtener resultados impredecibles. Los números negativos son menores que los positivos.

> (mayor que): esto compara las variables en ambos lados del operador. Devolverá "true" si el operador de la izquierda es mayor que el de la derecha. Los números positivos son mayores que los negativos. Solo debe comparar variables del mismo tipo de datos, de lo contrario puede obtener resultados impredecibles.

> (mayor que o igual que): Esto compara las variables en ambos lados del operador. Devolverá "true" si el operador de la izquierda es mayor o igual que el operador a la derecha. Los números positivos son mayores que los negativos. Solo debe comparar variables del mismo tipo de datos, de lo contrario puede obtener resultados impredecibles.

Para leer más sobre los tipos de funciones y sintaxis en Arduino, visite (http://arduino.cc/en/Reference/HomePage/). Esta es una página de referencia de Arduino que enumera todos los diferentes tipos de funciones para controlar la placa Arduino. Utilícelo para codificar cuando se le apoden sus propios proyectos que no tengan funciones ya enumeradas en este libro.

Funciones

Las funciones de Arduino representan una serie modular de código que realiza una tarea definida y, a continuación, vuelve al área de código desde la que se llamó a la función. Es como escribir una ecuación matemática en el código. Para los programadores realizados en el uso de BASIC, las funciones permiten la utilidad de las subrutinas.

Las funciones codifican una acción en un solo lugar, de modo que el código solo tiene que ser perfeccionado una vez. Esto le permite depurar un solo código y usar esa función una cantidad ilimitada de veces sin tener que preocuparse por los errores.

Las funciones también influyen en su codificación al hacerla modular. Esto hace que el programa sea más legible y le da al programador una libertad significativa en el tiempo al codificar, ya que una gran parte del código se habría hecho como funciones en un trabajo anterior.

Hay dos funciones necesarias para que Arduino funcione, **"setup()"** y **"loop()"**. Todas las demás funciones deben crearse fuera de los corchetes de estas dos funciones.

Ejemplos:

int myMultiplyFunction(int x, int y) ?

    resultado int;

    resultado: x * y;

    resultado de retorno;

}

El código anterior es una función. Permite la multiplicación de dos enteros **"x"** e **"y"** y guarda el resultado en la memoria. Declaramos **"myMultiplyFunction"** como un entero que contiene dos valores **"x"** y **"y".** A continuación, dentro de la declaración, declaramos otro entero **"result"**. Al dar al resultado un valor de **"x * y"** (una multiplicación de "x" e "y"), la función es devolver el resultado de esa multiplicación y asignarlo a lo que contenga el **"myMultiplyFunction"**.

Para utilizar la función, podemos hacer esto:

Voidloop() ?
> **int h a 2;**
>
> **int g a 3;**
>
> **int z;**
>
> **z - myMultiplyFunction(h, g);**
>
> **serial.print(z);**
>
> **retardo(3);**

}

En el código anterior, usamos la función que habíamos declarado equiparando **"z"** para que sea **"myMultiplyFunction"**, esto significa que los valores de **"g"** y **"h"** sustituirán a **"x"** y **"Y"** en la función declarada anteriormente y devolver **"z como 6"** . El código restante imprime en serie para el Arduino para que podamos observar físicamente el resultado.

La función "myMultiply se puede declarar por encima o por debajo del resto del código. Aunque es preferible declarar una función antes de utilizar la función, no es una regla.

Un código completo tendrá este aspecto:

int myMultiplyFunction(int x, int y){
> **int result;**
>
> **result = x * y;**
>
> **return result;**

}

```
void setup(){
        Serial.begin(9600);
}

void loop() {
        int g = 2;
        int h = 3;
        int z;

        k = myMultiplyFunction(g, h);
        Serial.print(z);
        delay(500);
}
```

deje espacios en la declaración de nombres dentro de la función. Arduino sólo aceptará 0-9, A-Z y el carácter de subrayado (_), una función no se permite comenzar con un número.

Un cuerpo de funciones debe estar contenido entre llaves como hemos visto con los ejemplos **"voidloop()"** y **"void setup()"**. El tipo de función se declara primero (int, void, const). El nombre de la función suele seguir (myMultiplyFunction, setup, loop). Después de esto va a ser el cuerpo de la función contenida dentro de llaves.

Dentro de un cuerpo de funciones, un tipo de valor devuelto siempre debe estar presente, incluso si es void como en **"void loop"**. La función debe llamarse dentro del cuerpo "void setup()", simplemente declarando el nombre como en el ejemplo anterior o para aquellos que no son enteros;

void DashedLine() {

```
        serial.println( "----------" );
}
void loop() {
}
void setup() {
        serial.begin(9600);
        DashedLine();
}
```

Como notará, se llama a la función sin ninguna llamada **"int"** anterior. Esto se debe a que hasta ahora, habíamos estado tratando con enteros (números), pero debido a que la nueva función es simplemente letras, podemos llamar a ella sin precederla con ningún tipo de datos.

Nota: usamos "serial.println" y "serial.print",ambos atributos hacen lo mismo, con la exención de que "serial.println" hace esto en una nueva línea mientras que "serial.print" lo hace en el misma línea.

Hay muchas funciones diferentes por ahí, vamos a enumerar algunas.

E/S digital

digitalRead(pin, value) : Esta función lee el valor de un pin digital especificado (HIGH/LOW).

digitalWrite(pin, value) : Esta función escribe un valor (HIGH/LOW) en un pin digital.

pinMode(pin, mode) : Esta función configura el pin especificado para que se comporte como entrada o salida.

E/S analógicas

analogRead(pin): Esta función lee el valor del pin analógico especificado.

analogReference(type) : Esta función configura la tensión de referencia para la entrada analógica (DEFAULT/INTERNAL/EXTERNAL/INTERNAL1V1...)

analogWrite(pin, value) : Esta función escribe un valor analógico en el pin específico (pins PWM).

Matemática

abs(x) : Calcula el valor absoluto de un número. Devuelve +x si > 0 y -x si < 0.

constrain(x, a, b) : Esta función restringe un número dentro del rango. X será el número restringido (todos los tipos de datos), a es el extremo inferior del intervalo (todos los tipos de datos) y b será el rango superior (todos los tipos de datos). Devolverá x - si está dentro del rango, a – si es menor que a y b – si mayor que b.

map(value, fromLow, fromHigh, toLow, toHigh) : Esto vuelve a asignar un número de un rango a otro. Devuelve el valor asignado

max(x, y) : Esto calcula el máximo de dos números. Devuelve el mayor de los dos números

min(x, y) : Calcula el mínimo de dos números. Devolverá el más pequeño de los números.

pow(base, exponente): Calcula el valor de un número elevado a una potencia. Se utiliza para generar curvas... Devuelve el resultado del exponente. El tipo de datos para exponent e exponente es float, para base es float y para return es double.

sq(x) : Esto calculará la raíz cuadrada de un número. Devuelve la raíz cuadrada del número como tipo de datos double.

sqrt(x) : Calcula el cuadrado de un número. El tipo de datos de la devolución es double.

Números aleatorios

random(min, max) ; o **random(max)** : Esto generará números pseudo aleatorios. Devolverá un número entre min y max-1 con el tipo de datos long.

randomSeed(seed) : **Inicializa pseudo generador de** números aleatorios. El tipo de datos de semilla suele ser unsigned long.

Bit y Bytes

bit(n) : Calcula el valor de un bit especificado. Devuelve el valor.

bitClear(x, n): Esto borra un poco de una variable numérica asignada.

bitRead(x, n) : Esto lee un poco de un número. Devuelve el valor del bit.

bitSet(x, n) : Esto escribirá un 1 a un poco de variable.

bitWrite(x, n, b): Esto escribirá un poco de una variable numérica.

highByte(x) : Esto extraerá el byte más a la izquierda de una palabra. Devolverá el byte de tipo de datos.

lowByte() : Extrae el byte más a la derecha de una palabra. Devuelve el byte del tipo de datos.

Hay cientos de otras funciones que se pueden encontrar en (http://arduino.cc/reference/HomePage/). Por favor, visite a su discreción.

Capítulo 5

Circuitos, Escudos Arduino y Biblioteca

Diagramas de circuitos

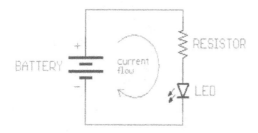

Hablamos de resistencias y voltajes antes. Hay mucho más que aprender si usted va a ser competente en Arduino.

Un circuito eléctrico simple, como se puede ver, tiene una batería (suministra energía), una resistencia (controla la corriente) y un LED (se ilumina para significar que el circuito está encendido. Más componentes se pueden agregar fácilmente a este circuito, como más resistencias, LED, un condensador, un potenciómetro, un interruptor...

La carga de un circuito es la cantidad total de energía que todos los componentes del circuito necesitarán para funcionar. Si la potencia suministrada al circuito es menor su carga, el circuito no funcionará (o funcionará lentamente/débilmente).

Sin embargo, los diagramas de circuitos de Arduino se ven un poco diferentes.

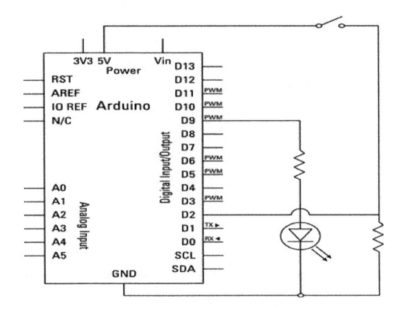

- Los rectángulos grandes representan el Arduino

- Las etiquetas ya habían sido explicadas en un tema anterior, por favor refiérase a él.

- El "-/\/\/\-"representa la fuente de alimentación (batería)

- Las líneas representan cables y conexiones que se vinculan entre sí. Cualquier etiqueta que no se vincule a otra representa una etiqueta que no se empleó

- El "-/ -" representa el switch y el resto de los símbolos representan lo que representan en un circuito normal.

Escudos

Son circuitos modulares que pueden retroceder en su Arduino para darle funciones adicionales. Los escudos Arduino son imprescindibles si quieres hacer algo más que encender un LED e imprimir algunas cosas en tu ordenador. Mientras que usted puede ser capaz de girar un motor con su Arduino, ¿qué pasa si usted quiere conectarse a Twitter con él?

Escudo fueron construidos en el mismo espíritu que el de Arduino. Fácil de usar, barato, pequeño y funcional son las mejores palabras para describir escudos Arduino. Al igual que Arduino en sí, vienen en varias formas, tamaños y funcionalidades.

Es posible añadir más de un escudo a Arduino, de hecho, lo único que limita el número de escudos que se pueden añadir a Arduino es la carga del circuito.

Los escudos a menudo vienen con una biblioteca o un boceto de ejemplo. Esto hace que trabajar con escudos sea algo muy fácil de hacer. Para un usuario experimentado de Arduino, es posible conectar Arduino a un escudo y conseguir que funcione en sólo 5 minutos.

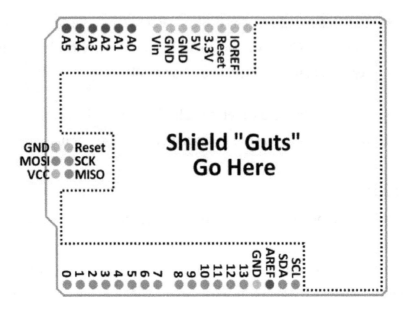

Los escudos Arduino están construidos con una forma similar a las propias placas Arduino. Los pines de alimentación y tierra estarán en un cabezal de ocho pines, y habrá otros pines analógicos en un cabezal de seis pines junto a los ocho pines. Los pines digitales generalmente ocuparán el otro lado, un encabezado de ocho pines que está separado de otro de diez pines por algún espaciado.

Algunos escudos requerirán otra conexión al encabezado ICSP del Arduino como se muestra arriba (los 2-3 pines a la izquierda vertical). La mayoría de los escudos Arduino utilizarán todos los pines disponibles en el tablero, aunque algunos toman sólo unos pocos.

Algunos escudos son capaces de comunicación usando SPI, I^{2}C o serie, mientras que otros utilizan entradas analógicas o interrupciones de Arduino.

Nota: No utilice pines superpuestos cuando utilice varios escudos Arduino.

Tipos de escudos

Escudos de prototipado y otros

Kit Protoshield

Este escudo funciona como un gran área de prototipado. Es el escudo de prototipos más popular. Una placa de pan se puede conectar a ella, o simplemente puede soldar directamente a la placa.

Escudo Go-Between

Este escudo resuelve el problema de los pasadores superpuestos sentándose entre dos escudos e intercambiando los pines del escudo superior.

Escudo ProtoSrew

Esta es una herramienta útil para vincular Arduino a motores externos y sensores de servicio pesado. Es similar al ProtoShield, pero cada pin está vinculado a un nuevo terminal de tornillo.

Escudo de peligro

Este escudo normalmente contiene de todo, desde potenciómetros, para mostrar, a un par de otros sensores impresionantes. El escudo de peligro le permite meterse con su Arduino advirtiéndole de peligro

Escudo Joystick

Esto se utiliza para convertir el Arduino en una herramienta de control. Contiene lo que podría ser un controlador, lo que le permite utilizar su Arduino para controlar cosas como robots.

Escudo MicroSD

Debido al espacio limitado típico en la mayoría de Arduino, podría tener sentido conectar un escudo microSD a la placa. Esto le permitirá introducir un microSD en su placa y utilizar su espacio de memoria para funciones de almacenamiento adicionales. Por lo general viene con una biblioteca SD.

Ethernet, Wi-Fi, GPS... Escudos

WiFly Shield

Llamado Wifly shield por SparkFun, este es un escudo principal que equipa a su Arduino con la capacidad de conectarse a redes inalámbricas (802.11b / g). Es capaz de actuar tanto como cliente web o servidor e incluso ambos.

Arduino Wi-Fi Shield

Este es uno de los escudos clásicos. Permite que el Arduino se conecte a un router Wi-Fi y le permite alojar páginas web y navegar por la web.

Arduino Ethernet Shield

Esto es sólo Arduino Wi-fi con cables. Es un poco más popular que el escudo Wi-Fi, sin embargo, debido a su facilidad de uso. Imbibes su Arduino con la capacidad de navegar por la red mundial libremente y viene con una biblioteca muy grande.

Escudo XBee

XBee proporciona a Arduino la capacidad de comunicarse de forma inalámbrica. Aunque no se puede conectar a la red mundial, se puede utilizar para iniciar de forma inalámbrica aspersores, luces y máquinas de café. También es muy barato y fácil de usar.

con Escudo celular SM5100B

Esto básicamente convierte su Arduino en un teléfono celular. Le permite enviar mensajes de texto y recibir mensajes. Sólo tiene que conectar un micrófono y un altavoz a él y es posible que sólo tenga otro teléfono.

Escudo GPS

Como su nombre indica, este escudo le permite utilizar el sistema de posicionamiento global con Arduino. Con esto, siempre sabrás dónde estás Arduino.

Escudo de imp eléctrico

Este es un escudo único, y no merece su posición baja en esta lista en absoluto. Parece un microSD. Este escudo también permite al programador utilizar Wi-Fi (páginas web de host, navegar por la red, etc),), pero es significativamente más potente que cualquier otra cosa en esta lista.

Escudos de sonido

Escudo VoiceBox

Este es un escudo de alteración de sonido capaz de alterar la voz de cualquiera que hable con él. Se utiliza para dar a la voz del usuario un sonido robótico y mecánico.

Escudo de instrumentos musicales

Este escudo fue diseñado para ser capaz de hacer una variedad de sonidos. Utiliza el protocolo MIDI para, cuando se conecta a Arduino, convertirlo en un banco de instrumentos musicales. Es capaz de hacer una biblioteca de efectos de sonido como sonidos de piano, batería, etc.

Escudo del reproductor mp3

Esto convierte a Arduino en un reproductor de MP3. Viene con una biblioteca. Simplemente añadiendo altavoces, microSD puede transformar su Arduino en una máquina de sonido de cualquier especificidad que desee.

Escudo de espectro

Esto permite a Arduino escuchar varios sonidos y convertirlos en frecuencias, antes de presentarlo en una pantalla de ecualizador gráfico.

Escudos de pantalla

Escudo LCD a color

Este es un componente de pantalla pequeña que le permite mostrar texto e imágenes con una pantalla LCD a color del teléfono celular de 128x128.

Escudo CMUCam

Esto convertirá a Arduino en una cámara. Este componente es una pequeña cámara que permite al usuario la opción de visión. Es especialmente útil para los usuarios que pueden estar utilizando su Arduino para controlar pequeños robots al permitir al usuario realizar un seguimiento visual de él.

¡Motorz! ¡Escudos!

Escudo PWM

Como mencioné anteriormente, la modulación de ancho de pulso también se puede utilizar para conducir servomotores, más allá de simplemente atenuar los LED. Este escudo permite a Arduino un rango fino de control sobre los servomotores.

Monster Moto Shield

Esto permite al usuario conducir servomotores de forma muy similar al escudo PWM, pero este escudo puede manejar los mucho más fuerte que los otros escudos podrían manejar.

Escudo del conductor del motor Ardumoto

Este es el más popular de su clase. Es el clásico cuando se trata de conducir servomotores con Arduino.

Instalación de escudos

Preparaciones

Muchos escudos se hacen sin encabezados adjuntos. Esto permite al usuario un grado de libertad para alterar cómo se utilizan los encabezados (encabezados masculinos rectos en lugar de encabezados apilables o al revés).

Adjuntar un encabezado es un proceso sencillo con muy pocos pasos. Sin embargo, necesitará algunas cosas de su kit. Necesitará soldadura, soldador, esponja húmeda, tablero Arduino y 4 cabezales (los originales o los nuevos R3). También puede tener opcionalmente un soporte de soldador, mecha de soldadura y tal vez una tercera mano.

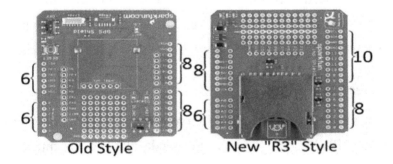

Antes de comenzar, asegúrese de que los encabezados que tiene coinciden con su huella de Arduino (utilice el nuevo encabezado de escudo para los diseños R3 y los encabezados antiguos para Arduino con ese tipo de diseño de encabezado).

Hay dos tipos de encabezados. Si va a apilar escudos, es aconsejable utilizar el encabezado apilable y el escudo de un solo cabezal macho funciona. Los cabezales machos hacen una pila de perfil más bajo cuando se utilizan para apilar escudos en comparación con los encabezados apilables, pero, los encabezados apilables le permiten todavía insertar cables de puente en el Arduino cuando los escudos están apilados.

Nota: apégate a los encabezados que tienen pasadores rectos, rectangulares y masculinos por ahora. Son más fáciles de trabajar, y la mayoría de los componentes de Arduino vienen adaptados para pines de cabecera masculinos.

ensamblaje

Adjuntar el encabezado

Los encabezados deben insertarse primero en el escudo. **La orientación es de suma importancia** . Los encabezados deben estar en la dirección correcta. Los cabezales de pasador masculinos deben entrar en la parte superior del escudo y extenderse hacia abajo. Soldar los pasadores sólo una vez que tenga el encabezado mirando hacia la dirección correcta.

Una vez que los encabezados se insertan correctamente, voltee el tablero para que el lado femenino se apoye en la mesa de trabajo plana. Alinee todos los encabezados cuidadosamente para que descansen perpendiculares al Escudo.

Soldadura

Soldar cuidadosamente un solo pin en cada cabezal insertado, esto asegura que los encabezados permanezcan perpendiculares al escudo (en caso de un batido). Asegúrese de que la soldadura no es demasiado para cada pasador.

Pruebas

Alinee cuidadosamente el escudo con Arduino y conéctelo. Esto garantiza que los encabezados de Escudo estén correctamente alineados. Si no es un ajuste inmediato, realinee el tablero y vuelva a realizar los pasos anteriores hasta que el ajuste sea exacto.

Soldadura

Una vez que los encabezados de escudo pasan la prueba anterior, luego soldar el resto de los pines al escudo. Una vez que todos sus pasadores están soldados, compruebe si hay juntas de soldadura mal.

Malas articulaciones

Hay posibles errores al soldar. Compruebe que su soldadura no conecte dos pines entre sí si no desea un cortocircuito. También compruebe si hay juntas de soldadura en frío (no están soldadas, pero parecen que lo son).

Enchufe

Es una buena práctica desconectar su Arduino antes de trabajar en él. Ahora conecta el Escudo haciendo coincidir los encabezados de Arduino con los de tu escudo. Por favor, tenga cuidado de no doblar su pin de encabezado mientras hace esto.

Felicidades, has conectado tu escudo a Arduino.

Trucos

Un truco conocido es usar un escudo viejo para ayudar a alinear el encabezado.

Alinear un **encabezado macho** es significativamente más fácil de alinear que los encabezados apilables. Esto es porque usted puede simplemente conectar su pin directamente en el Arduino primero antes de colocar cuidadosamente su escudo en él.

Soldadura de distancia.

Tenga cuidado de no quemar el cabezal dejando el soldador en los pasadores durante demasiado tiempo.

Biblioteca

Las bibliotecas Arduino son útiles cuando un programador necesita hacer una tarea compleja lo más simple posible. Estos están contenidos como parte de los extensos complementos disponibles para todos los usuarios de Arduino. Un ejemplo es escribir un código para la sensación táctil capacitiva, mientras que podríamos pasar unos días escribiendo y perfeccionando el código por nuestra cuenta, podríamos simplemente obtener un código de una gran biblioteca e implementarlo en nuestro Arduino.

Puede aprender todo sobre cómo descargar e instalar bibliotecas en el sitio web oficial de la biblioteca Arduino. Viene con excelentes instrucciones sobre el uso del administrador de bibliotecas IDE de Arduino. (https://www.arduino.cc/en/Guide/Libraries/).

Uso del Administrador de bibliotecas

Ya en la versión Arduino 1.5 y superior es una gran colección de bibliotecas. Contiene casi cualquier cosa que pueda necesitar para utilizar su Arduino para. Abra el administrador de bibliotecas e instale cualquier biblioteca que desee utilizar con un solo clic.

También puede hacer clic en "Añadir . ZIP" para instalar cualquier biblioteca ".zip" que tenga de otro lugar.

Los usuarios de versiones anteriores de Arduino pueden seguir estos pasos:

Instalación manual

- En primer lugar, tendrá sin tener que descargar la biblioteca de la web

- Localice el archivo ".zip" en el ordenador y haga doble clic para abrirlo y extraer la carpeta contenida en el interior

- En la mayoría de las carpetas de biblioteca, habrá un archivo ".h" y un archivo ".cpp".

- Copie todo el archivo.

- Abra la carpeta Documentos, en ella habrá una carpeta Arduino, ábrala.

- Navegue a las bibliotecas y pase el archivo copiado en esa carpeta.

- Edite el nombre de la carpeta pegada para eliminar cualquier símbolo que no sea A-Z y 0-9. Si no lo hace, no podrá utilizarlo.

- Reinicie su Arduino si ya estaba abierto y navegando a la carpeta de ejemplos, verá el contenido de su biblioteca allí. Ahora puede abrirlo.

Capítulo 6

Proyectos Prácticos

●‧+‧————————●‧+‧◆‧+‧◆————————+‧●

Cubo LED con Arduino

El objetivo es hacer un cubo LED que pulsa a intervalos regulares y aunque visualmente convincente, es un proyecto simple. Tendremos que utilizar multiplexación para reducir el consumo de energía.

Este es un muy buen proyecto donde obtendrá la práctica tan necesaria en la soldadura.

Necesitará obtener el siguiente hardware:

- Arduino UNO

- 64 LEDs (3.3V)

- 10 resistencias (el valor de la resistencia dependerá de la tensión de su LED)

- Alambre artesanal

- Tablero de prototipado

- Taladro del mismo tamaño que el LED

- Clips de cocodrilo

- Un soporte de madera en una configuración cúbica de 4x4x4

Debido al número limitado de pines disponibles en Arduino UNO, construiremos el cubo 4x4x4 usando multiplexación. Esto nos permite descomponernos a 4 capas. Esto significa que sólo necesitamos controlar sólo 16 LEDs directamente.

Simplemente necesitamos activar una capa y el pin de control para iluminar un LED específico, lo que significa que podemos controlar todos los 64 LED con solo 20 pines en total.

Cada capa se construirá con un cátodo común que conducirá a un solo pin. Cada LED estará vinculado al uno por encima y por debajo de él, y ya que tenemos 16 capas de positivos y 4 capas de pines LED negativos, podemos hacerlo fácilmente.

Las instrucciones son:

- Doble la pata corta de los LED y taladre los agujeros necesarios en su marcador de posición de madera. Tiene que ser muy apretado. Los agujeros deben ser equidistantes entre sí y las patas plegadas deben ser del mismo tamaño. Siga las instrucciones que se muestran en la imagen.

- Soldar las patas cortas (cátodo) en un alambre artesanal delgado como se muestra arriba. Pruebe la configuración anterior utilizando el código de parpadeo conectando una resistencia y un suelo al cátodo (1 pin para los cuatro), y 5V a cada ánodo y ejecútelo. Debe encender todos los LED. Si no es así, todos los LED se encienden, compruebe sus conexiones de nuevo.

- Ahora haga lo mismo para todos los 60 LED restantes y asegúrese de que las conexiones son sólidas.

- A continuación, organice todos los 4 LED en una configuración de cubo y asegúrese de que las patas verticales (ánodo) se sueldan juntas mientras el cátodo está vinculado de forma similar por capa.

- Si no puede obtener un ajuste perfecto para los ánodos, utilice un clip para mantenerlos unidos y mantenerlos a la altura adecuada. Y asegúrese de que el ánodo sólo se conecta con el ánodo. Usted puede cortar cualquier cable / pierna fuera de lugar para asegurar una construcción más suave.

- Una vez que tenga su cubo, conecte las resistencias a su placa de prototipado y su placa al marco de alambre del cubo en el orden que desee (LED a la placa primero antes de la resistencia o resistencia a la placa primero antes del LED).

- Una vez que sus pines están finalmente conectados (las 4 capas de cátodo a los pines analógicos 2 a 5, 16 pines de ánodo LED al pin digital 0 a 13 y analógico 0 y 1), y estamos listos.

Cargue su código:

https://github.com/brucetsao/eLedCube/blob/master/LED_1cube_4x4x4_Blank_Show_/LED_1cube_4x4x4_Blank_Show_.ino

Ahora puedes ver lo que hace. Puede modificar el código utilizando **"plane(layer)number"** para elegir el LED que desea ordenar. Asegúrese de que todos los demás planos son ALTOS antes de mandar un LED de lo contrario todo se iluminará.

Seguimiento GPS con LoRa Shield

Con la proliferación de satélites en el mundo actual, la capacidad de saber dónde está alguien, está en demanda popular. ¿Eres el marido sospechoso, el padre preocupado, el sofisticado acosador...? el GPS se ha convertido en un activo que todo el mundo quiere.

Como un fan de Arduino, la pregunta debe ser, se puede construir su propio rastreador GPS con Arduino? Sí, puedes. En este proyecto, nuestro objetivo es construir un rastreador GPS basado en Arduino.

Estamos utilizando LoRa debido a su bajo requisito de energía y operación de larga distancia.

Para construir esto, necesitaremos el siguiente hardware:

Módulo GPS NEO-6M, un transmisor, un módulo LoRa de 16x2 LCD, 433MHZ (o el que esté legalizado en su configuración regional), antena LoRa 433MHZ, cables de conexión, Arduino Uno y el escudo Arduino LoRa.

Para construir el escudo LoRa vamos a utilizar este diagrama de circuito:

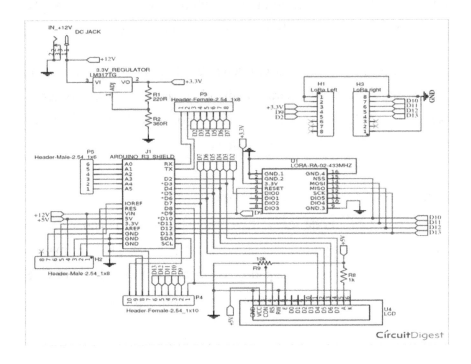

El escudo Arduino consiste en un conector de 12V cuyo propósito será regular el pin 3.3V para el módulo LoRa y alimentar Arduino a través del pin vin. El 5V regulado se utilizará así para alimentar la pantalla LCD de 12x6. Las dos resistencias R1 y R2 actuarán para fijar la tensión del regulador LM317. Un regulador externo es más fiable que el propio regulador de voltaje interno del Arduino. Incluido dentro del escudo habrá un potenciómetro con el propósito de regular el brillo de la pantalla LCD.

Para diseñar su propio PCB:

- Descargue el software de diseño de PCB, instálelo, ábralo y formatee sus pistas de PCB.

- Vaya a (https://www.pcbgogo.com/?code=t) e inicie sesión o regístrese. Introduzca las dimensiones de la placa CI en la pestaña de creación de prototipos.

- Seleccione "**quote now**" y cambie los parámetros que desee. Cuesta alrededor de $5 y será entregado en 2-3 días.

- Cargue el archivo Gaber generado por el software PCB y una vez que su archivo haya sido verificado, puede utilizar la opción de pago que desee.

Una vez que obtenga la placa CI, puede empezar a montar la placa.

Descargue la biblioteca de LoRa (https://github.com/sandeepmistry/arduino-LoRa).

Necesitarás dos escudos para este proyecto, uno para la transmisión y el otro como receptor. El receptor será el que tenga la pantalla LCD conectada.

Ahora que tiene el módulo transmisor listo, puede conectar su módulo GPS.

Conecte los pines D4 al RX y al D3 al TX, y ppower él con el pin 5V.

Tendrá que descargar la biblioteca TinyGPS++ (https://github.com/mikalhart/TinyGPSPlus/archive/master.zip) para interpretar los datos enviados desde el módulo GPS (frase NMEA).

Codificación:

Asegúrese de que ha descargado e instalado las dos bibliotecas en el IDE antes de continuar.

Para programar el transmisor, utilizamos el siguiente código:

https://circuitdigest.com/microcontroller-projects/lora-based-gps-tracker-using-arduino-and-lora-shield

Una vez cargados nuestros códigos, encienda el transmisor y el LED de la placa CI comenzará a parpadear. El receptor también se encenderá y mostrará el mensaje de bienvenida que escribimos en el código anterior.

Una vez que el transmisor recibe datos del satélite, la pantalla LCD los mostrará inmediatamente.

El siguiente paso es poner el transmisor donde quieras; coche, bolsa, etc. y usted será capaz de rastrear a quien está llevando actualmente el transmisor con el receptor.

Interruptor de luz sensible al movimiento

Este tipo de proyecto tiene muchas ventajas. Usando una luz sensible al movimiento, puede ser un sistema de seguridad que detecta intrusos en el compuesto para despertar al residente, se puede utilizar como una luz nocturna sensible (luces encendidas cuando el residente está despierto) o cualquier otro número de maneras.

El sensor de movimiento detectará el movimiento de un intruso y se encenderá automáticamente durante 40 segundos. La forma en que codifique depende principalmente de cómo desee usarlo.

El hardware que necesitaremos son:

Arduino Uno, sensor de movimiento PIR, un módulo de relé de 5V, una placa de pan, una resistencia de 100o, una fuente de alimentación y LED.

Nota: conectará su proyecto directamente a la red eléctrica (230-240V). Tocar cualquier cable en vivo directamente puede matarte. Ten mucho cuidado.***

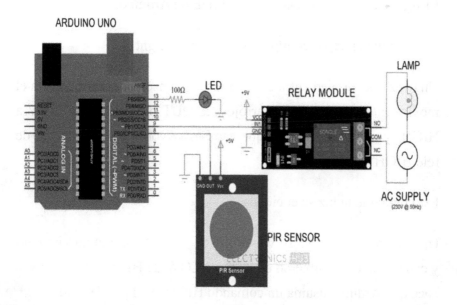

- Conectaremos un LED al pin 13 de Arduino y el pin DE de datos PIR al pin 8 de Arduino. El LED indicará que la luz se ha encendido o apagado.

- El pin 9 de Arduino se conectará al pin IN1 del módulo de relé y se conectará una bombilla a la red del relé (uno a la red eléctrica y el otro cable a ningún contacto de relé).

- COM del relé se conectará con el otro cable de la red.

- El sensor se conectará con el pin 8 en Arduino y su pin de tierra a tierra. Su pin principal debe estar conectado al pin 13 del Arduino a través de la placa de pan.

- Tenga cuidado al conectarse a la red eléctrica (240V AC), si no está seguro, vuelva a examinar el diagrama de circuito.

El siguiente código se cargará en el IDE de Arduino:

https://www.maxphi.com/pir-motion-sensor-light

Una vez que alguien entra en el rango del sensor, el sensor detecta el movimiento a través de infrarrojos, es OUT pin cambia de LOW a HIGH, y alerta al Arduino que cambia su configuración de pin de relé HIGH a LOW.

Esto hará que la luz se encienda.

Una vez que el intruso se va, el sensor ya no detecta el movimiento y cambia su configuración de nuevo a LOW de HIGH. Esto a su vez hace que Arduino asuma un comando HIGH en el pin del relé.

Este diseño es fácilmente aplicable como: Luces de garaje, Luces de cuarto B y Luces de seguridad.

Construir un sistema de alarma personalizado

El proyecto anterior trataba de hacer uso de una bombilla para advertirle de un intruso en su casa, y sus numerosos otros usos. Este nuevo proyecto hará uso de un zumbador para hacer un sistema de alarma doméstica completamente funcional para mantenerte seguro por la noche.

Este proyecto hará uso de:

Arduino UNO, zumbador y sensor de movimiento PIR.

De la breve lista de hardware requerido, este puede muy bien ser el proyecto más fácil y menos exigente que hará en este capítulo.

- Desde su placa Arduino a su sensor, conecte VCC al pin de 5V y GND al pin GND.

- Conecte el pin 2 del Arduino (digital) al pin de señal de salida del sensor.

- Conecte el pin GND de Arduino a través de una placa de pan o directamente al terminal negativo del zumbador.

- Conecte el pin digital 9 de Arduino al terminal positivo del zumbador.

El circuito sigue el diagrama de abajo

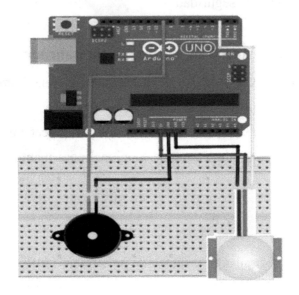

A continuación, podemos subir nuestro código:

https://maker.pro/arduino/tutorial/how-to-build-an-arduino-powered-motion-sensor-alarm

El código anterior, una vez cargado y el Arduino, sensor y zumbador establecido en una posición de nuestra elección, hará que el zumbador suene cada vez que alguien está dentro de 6-7m del sensor.

El pin digital 2 del Arduino está escrito como HIGH OUTPUT y esto hará que la condición para **"intruder_detect()"** comience a ejecutarse.

El código "siren()" funciona utilizando señales PWM de frecuencia variable para simular un sonido de alarma.

El intruso detectado se imprimirá en el monitor serie y después de un minuto del intruso saliendo del rango del sensor, el zumbador se apaga.

La sensibilidad y el tiempo se pueden modificar como se ha gustado en el código en función del tipo de sensor que se utiliza y su rango.

Reloj digital Arduino con RTC

Al igual que el proyecto anterior, necesitaremos algunas cosas:

- Arduino UNO

- 2 LED

- DS1307 RTC

- Resistencia 330K y 4 120K

El circuito utiliza una técnica de multiplexación para reducir el número de cables que se utilizan para enlazar con Arduino mientras que reduce de manera similar el consumo de energía significativamente.

El módulo RTC, realiza un seguimiento del tiempo y compensa las derivas como los años bisiestos. Sin embargo, sólo necesitamos información de horas y minutos, así que eso es todo lo que sacaremos de ella.

El circuito hace un uso extensivo de la placa de pan para enlazar múltiples pines al mismo pin Arduino. El gráfico de color describe lo que está vinculado a qué.

Para establecer la hora, abra el IDE incluir la biblioteca **"DS1307RTC"** que ha descargado, asegúrese de que la hora es correcta y ejecute el monitor serie.

Una vez hecho esto, subimos el código que se encuentra aquí:

https://electronics-project-hub.com/arduino-7-segment-display-clock-with-and-without-rtc/

Las bibliotecas se pueden encontrar aquí: (https://github.com/PaulStoffregen/Time) (https://github.com/PaulStoffregen/DS1307RTC) (https://github.com/DeanIsMe/SevSeg).

Lo siguiente que debe hacer es encender el módulo y verlo mostrar la hora. El RTC, sin embargo, sigue siendo vulnerable a las variaciones de temperatura. Para una alta precisión, necesitará un RTC con cristal compensado de temperatura incorporado.

Controlador de juegos con Unity

El objetivo es diseñar un controlador de juego impresionante con muy pocos pasos. Este tutorial busca diseñar un controlador de juego impulsado por Arduino UNO con el motor de juego Unity. El controlador se probará utilizándolo para evitar objetos.

Para este proyecto necesitaremos el siguiente hardware:

- Un tablero de pan

- Arduino Uno

- Motor de juego Unity

- Un plugin Uniduino

- Resistencia y potenciómetro 10K

- Cables de conexión

Usted puede comprar un kit de inicio Arduino que contiene la mayor parte de esto desde aquí (https://www.makeuseof.com/tag/4-best-starter-kits-arduino-beginners/).

La construcción del controlador seguirá este diagrama de circuito:

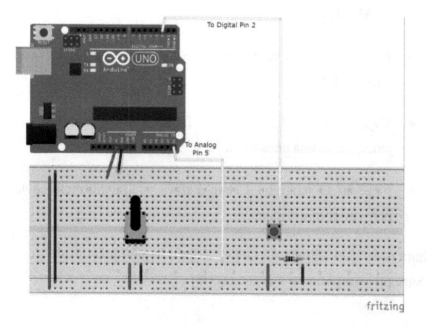

Una vez que haya construido el circuito como se ha descrito anteriormente, abra el código

StandardFirmata<Firmata<Ejemplos que se encuentran en los **archivos** de su IDE.

- Sube lo que obtienes y abre Unity.

- Busque el plugin en la tienda de activos y cómpralo. Es bastante barato. Mientras que se puede hacer sin el plugin, es posible que desee ir (http://www.alanzucconi.com/2015/10/07/how-to-integrate-arduino-with-unity/) aquí para eso.

- Sigue el vídeo para asegurarte de que todo funciona bien.

- Ahora, ajuste el pin digital 2 a INPUT y el pin analógico 5 en ANALOG.

- Puedes usar unity para programar un juego simple con el que puedes probar tu mando.

- Vaya a **Activos>Uniduino>Prefabs** y arrastre el prefab a la jerarquía en una nueva escena.

- Elige en tu jerarquía **Crear>Esfera** y transfórmela en la parte inferior del juego.

Ahora necesitará agregar un nuevo script a la jerarquía dirigiéndose a **Agregar componente < Nuevo script.**

A continuación, debe cambiar el nombre del objeto **C Sharp** y agregar el nuevo script a GameObject haciendo clic en Crear < **Agregar.**

Escriba los códigos en el enlace en el nuevo script:

https://www.makeuseof.com/tag/make-custom-game-controller-arduino-unity/

Lea el código anterior y anote los comentarios para entender lo que hace.

Guarde el script y vuelva a salir al editor. Allí cambiará los valores para el número de pasador de **maceta** a 5, el número de pin de **botón** a 2, el **borde izquierdo** a -9.5 y el borde **derecho** a 9.5.

Añadir:

Actualización nula ()
{
Asignamos el valor que el arduino está leyendo desde nuestro potenciómetro a nuestra variable potValue
 potValue á arduino.analogRead(potPinNumber);
}

A la actualización del script **sphereMover.** Vuelva a la opción **Uniduino** en **la jerarquía** y asegúrese de que el puerto sigue siendo preciso/ahí. Si no es así, cambie el nombre del **puerto** por el del Arduino.

Ahora seleccione play para la esfera en la jerarquía.

Para que no tengamos que calibrar y calcular los valores del potenciómetro, podemos añadir:

https://www.makeuseof.com/tag/make-custom-game-controller-arduino-unity/

A la **panel C-Script<Create<Project**. Este es un método de extensión integrado en el plugin Unity.

Volviendo al script, usaremos las funciones de reasignación para convertir los valores del pozo en otros útiles para nuestro juego.

Debajo de nuestro valor de maceta mecanografiado, agregue:

mappedPot á potValue.Remap();

y podemos introducir nuestros valores en el código:

mappedPot á potValue.Remap(0, 1023, leftEdge, rightEdge);

Haga clic en Guardar y los valores de **Mapped Pot** ahora cambiarán con el movimiento del potenciómetro.

Ahora, abra el script y asigne sus nuevos valores así;

Asigne el valor del pozo asignado a la posición x de la esfera

transform.position á new Vector3(mappedPot, transform.position.y, transform.position.z);

Ahora, puedes hacer clic en el juego y el movimiento de tu potenciómetro corresponderá a tu personaje de juego.

Controlador de semáforos

Nuestro último proyecto será el controlador de semáforos muy simple. Como su nombre indica, nuestro objetivo es construir un Arduino que pueda controlar las luces de señal.

Componentes de hardware:

- Resistencia 10K

- Breadboard y Arduino UNO

- Cables de conexión y tres LED (verde, rojo y amarillo)

- Un interruptor pulsador

- Seis resistencias de 220o

A continuación se muestra el diagrama de circuito que vamos a utilizar para este proyecto.

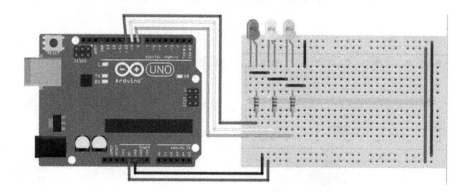

Las resistencias se conectarán al cátodo LED en un extremo y a D8 a D10 en el otro extremo. Los LED del otro extremo están conectados tanto a la resistencia como al suelo (cátodo), y también conectados al pin de 5V en la pierna del ánodo.

Una vez que tengamos nuestro circuito en funcionamiento, puede encontrar el código aquí:

https://www.makeuseof.com/tag/arduino-traffic-light-controller/

Como se puede ver en el código, es muy similar a parpadear un solo LED.

Con la excepción de la función "**changelights()**", el resto del código es casi el mismo.

Los semáforos se pueden cambiar de varias maneras para satisfacer nuestro propio tiempo simplemente cambiando los valores en el código.

Y ahora, tenemos nuestro controlador de semáforos.

Una manera bastante agradable de redondear, ¿verdad? **Equivocado**

¿Por qué no modificamos el código para permitir que otra persona elija cuándo se vuelve ROJO sin alterar el código?

Usted habría notado desde arriba que no usó todo el hardware que se le dijo que obtener.

Siga el circuito a continuación:

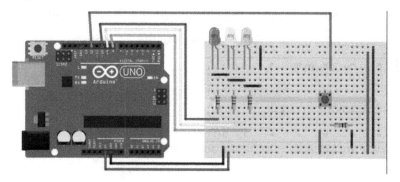

La diferencia entre los dos circuitos es académica. El botón de este circuito está conectado al pin D12 y el interruptor ahora tiene una resistencia conectada a él (10K).

El código se puede encontrar aquí:

https://www.makeuseof.com/tag/arduino-traffic-light-controller/

Lo que hace el nuevo código es esperar 15 segundos después de que se presiona el botón antes de que cambie la luz. Esto permite a alguien controlar las luces pulsando el botón.

¿Por qué no añadimos también un cruce a nuestro controlador de semáforos?

Sólo tienes que seguir el circuito a continuación:

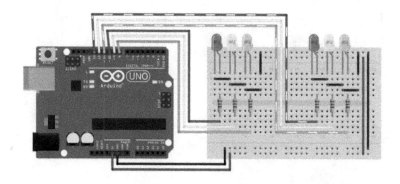

Los LED originales están conectados como en los ejemplos anteriores y se han eliminado los pulsadores. Los nuevos conjuntos de LED están conectados a D11- D13 utilizando un método similar a los ejemplos anteriores.

Cargue el siguiente código:

https://www.makeuseof.com/tag/arduino-traffic-light-controller/

A diferencia de los ejemplos anteriores, cuando un conjunto de luces es rojo, el otro se volverá verde y viceversa.

Este es el mismo método que utilizan la mayoría de los controladores de tráfico de calle.

Sin embargo, puesto que hacen esto a través de un área grande sin ninguna entrada cableada, deben estar comunicando a través de la web.

Arduino también puede hacer esto. Exploraremos esta vía en nuestro próximo capítulo.

Capítulo 7

Electrodomésticos inteligentes y
La potencia de la web

Conexión de Arduino a la Web

Con la rápida adopción de servicios de Internet en todo el mundo, se ha vuelto necesario que el nuevo productor de electrónica haga productos que se puedan utilizar de forma inalámbrica. Es casi imposible para una sola persona aprender los límites de lo que es posible con Arduino. Practicaremos la conexión de Arduino a Internet convirtiéndolo en una estación de monitoreo del tiempo que puede subir datos a un servicio en la nube en línea.

Vamos a utilizar placas Arduino y los servicios web gratuitos (http://freeboard.io/) y (http://dweet.io). Después de esta lección, debería ser capaz de construir su propio panel de internet de cosas para aplicaciones de automatización del hogar.

Necesitarás; **Arduino Uno, sensor DHT11 (o DHT22), resistencia 4.7K, fotocélula (con resistencia 10K), chip Wi-Fi CC300 (Adafruit CC300), placa de pan y, por último, cables de puente.**

También necesitará obtener las siguientes bibliotecas:

Biblioteca de sensores DHT (https://github.com/adafruit/DHT-sensor-library)

Biblioteca Adafruit CC300
(https://github.com/adafruit/Adafruit_CC3000_Library)

Por último, cree una cuenta en freeboard utilizando el enlace anterior.

Instale la biblioteca utilizando los métodos que aprendió anteriormente.

Instalación de hardware

- Conecte el pin Arduino 5V al riel positivo en la placa de pan, y aterró la placa conectando el pasador de tierra al riel negativo.

- Coloque la placa CC300 y el sensor DHT en la placa de pan. Conecte el pin 1 de DHT al riel positivo de la placa de pan y el pin 4 al negativo.

- Conecte el pin 2 del sensor al pin 7 de Arduino y conecte la resistencia 4.7K entre el pin1 y el pin 2 del sensor para completar esa parte del circuito.

- Conecte la celda en serie con la resistencia 10K en la placa de pan y conecte el suelo al otro extremo de la resistencia.

- El pin común en la fotocélula debe entonces conectarse al pin analógico A0.

- Conecte el módulo Wi-Fi vinculando su pin IRQ al pin 3 de Arduino, CS al pin 10 y VBAT al pin 5.

- Conecte los pines SPI a Arduino vinculando MOSI al pin 11, MISO al pin 12 y CLK al pin 13.

- Finalmente conecte Vin a Arduino 5V (carril positivo) y tierra a tierra (carril negativo).

Prueba de los sensores:

Bibliotecas

#include "DHT.h"

Sensor DHT

#define DHTPIN 7

#define DHTTYPE DHT11

Instancia DHT

DHT dht(DHTPIN, DHTTYPE);

configuración del vacío()

{

Inicializar el puerto serie

  Serial.begin(9600);

Init DHT

```
dht.begin();

}

void loop()

{

Medida de DHT

temperatura de flotación: dht.readTemperature();

humedad del flotador - dht.readHumidity();

Mida el nivel de luz

float sensor_reading - analogRead(A0);

luz flotante: sensor_reading/1024*100;

Temperatura de visualización

  Serial.print("Temperatura: ");

  Serial.print((int)temperature);

  Serial.println(" C");

Humedad de la pantalla

  Serial.print("Humidity: ");

  Serial.print(humedad);

  Serial.println("%");

Mostrar nivel de luz

  Serial.print("Light: ");

  Serial.print(light);

  Serial.println("%");

  Serial.println("");

Espere 500 ms
```

retardo(500);

}

El código anterior es simple diseñado para probar si los sensores están funcionando o no. Como puede ver, el código se explica mediante comentarios. El código completo se encuentra en la biblioteca mencionada anteriormente.

Cargue el boceto y los datos mostrarán algo como:

Temperatura: 25 C
Humedad: 36.00%
Luz: 83,79%

Ahora que los sensores están funcionando, necesitamos hacerlo capaz de conectarse electrónicamente a Wi-Fi. Dweet tiene "cosas", este es un lugar donde se cargan datos a través de solicitudes http. Si carga datos en una cosa nueva que no se ha creado antes, se crearía al instante.

El código siguiente se conecta automáticamente al servidor de freeboard y carga los datos.

que establecemos las Bibliotecas que queremos utilizar
#include
#include
#include "DHT.h"
#include

Defina los pines a los que está conectado CC3000

```
#define ADAFRUIT_CC3000_IRQ 3

#define ADAFRUIT_CC3000_VBAT 5

#define ADAFRUIT_CC3000_CS 10
```

Sensor DHT

```
#define DHTPIN 7

#define DHTTYPE DHT11
```

Cree una instancia CC3000 para el chip

```
Adafruit_CC3000 cc3000 á
Adafruit_CC3000(ADAFRUIT_CC3000_CS,
ADAFRUIT_CC3000_IRQ, ADAFRUIT_CC3000_VBAT,
SPI_CLOCK_DIV2);
```

Instancia DHT

```
DHT dht(DHTPIN, DHTTYPE);
```

Los parámetros WLAN introducen sus propios datos en todos los parámetros

```
#define WLAN_SSID "yourWiFiNetwork"

#define WLAN_PASS "yourPassword"

#define WLAN_SECURITY WLAN_SEC_WPA2
```

dar un nombre a su cosa, se aconseja utilizar uno muy complicado

```
#define nombre_cosa "yourThingName"
```

Variables a enviar

```
temperatura int;

humedad int;
```

```
luz int;

uint32_t ip;

configuración del vacío (vacío)

{

Inicializamos el chip CC300

  Serial.begin(115200);


  Serial.println(F("'nInitializing..."));
si (!cc3000.begin())

{

   Serial.println(F("No se pudo comenzar()! Compruebe su
cableado?"));

mientras (1);

}

Conéctese a la red WiFi local

  Serial.print(F("Conectarse a la red WiFi ..."));

cc3000.connectToAP(WLAN_SSID, WLAN_PASS,
WLAN_SECURITY);

  Serial.println(F("done!"));

si el boceto se bloquea, este código lo restablecerá. Se llama
perro guardián

  wdt_reset();

/* Espere a que DHCP complete */

  Serial.println(F("Request DHCP"));

mientras que (!cc3000.checkDHCP())
```

```
{
retardo(100);
}
}
void loop(void)
{
Medida de DHT
float t á dht.readTemperature();
float h á dht.readHumidity();
temperatura (int)t;
humedad (int)h;
Mida el nivel de luz
float sensor_reading - analogRead(A0);
luz (int)(sensor_reading/1024*100);
  Serial.println(F("Medidas realizadas"));
Iniciar perro guardián
  wdt_enable(WDTO_8S);
Obtener IP
uint32_t ip á 0;
  Serial.print(F("www.dweet.io -> "));
mientras que (ip - 0) - -
si (!  cc3000.getHostByName("www.dweet.io", &ip))
    Serial.println(F("No se pudo resolver!"));
}
```

```
retardo(500);
}
cc3000.printIPdotsRev(ip);
 Serial.println(F(""));
Restablecer perro guardián
 wdt_reset();
Compruebe la conexión a WiFi
 Serial.print(F("Comprobar conexión WiFi ..."));
if(!cc3000.checkConnected())-while(1) ?
 Serial.println(F("done."));
 wdt_reset();
Enviar solicitud
Adafruit_CC3000_Client client á cc3000.connectTCP(ip, 80);
si (client.connected())
  Serial.print(F("Enviar solicitud... "));
  client.fastrprint(F("GET /dweet/for/"));
  client.print(nombre_cosa);
  client.fastrprint(F("?temperatura-"));
  client.print(temperatura);
  client.fastrprint(F("&humidity-"));
  client.print(humidity);
  client.fastrprint(F("&light-"));
  client.print(light);
  client.fastrprintln(F(" HTTP/1.1"));
```

```
client.fastrprintln(F("Host: dweet.io"));
client.fastrprintln(F("Conexión: cierre"));
client.fastrprintln(F(""));
Serial.println(F("done."));
```
Si no, no, el lugar de la casa.
```
Serial.println(F("Error de conexión"));
```
retorno;

}

Restablecer perro guardián
```
wdt_reset();
Serial.println(F("Lectura respuesta..."));
```
mientras (client.connected())

mientras (client.available())

char c á client.read();
```
Serial.print(c);
```
}

}
```
Serial.println(F(""));
```
Restablecer perro guardián
```
wdt_reset();
```
Cierre la conexión y desconecte
```
client.close();
Serial.println(F("Cierre de conexión"));
Serial.println(F(""));
```

Restablecer perro guardián & desactivar

```
wdt_reset();
wdt_disable();
```

Espere 60 segundos hasta la próxima actualización

```
espera(60000);
}
```

Espere un tiempo determinado usando el perro guardián

```
void wait(int total_delay) ?
int number_steps (int)(total_delay/5000);
  wdt_enable(WDTO_8S);
para (int i a 0; i < number_steps; i++)-
Serial.println(F("Esperando 5 segundos ..."));
retardo(5000);
  wdt_reset();
}
  wdt_disable();
}
```

Ahora vamos a entrar en los detalles del código. Comienza importando las bibliotecas necesarias:

```
#include
#include
#include
#include "DHT.h"
#include
```

El código anterior se puede modificar para adaptarse a nuestras propias necesidades como se indica por los comentarios dispersos a través de él. Ahora que los datos se han enviado a freeboard, Arduino enviará código constantemente al servidor.

Para mostrar los datos gráficamente, utilizamos freeboard.io para crear un nuevo panel y mostrar nuestros datos en objetos visuales comprensibles para humanos.

Hacer que los electrodomésticos sean inteligentes

Un posible uso del tema anterior, es la capacidad de encender o apagar los electrodomésticos sin tener que tocarlo físicamente. Lo demostraremos a continuación.

Vamos a hacer esto usando un relé de 5V para encender y apagar una toma de corriente. El Arduino utilizará un sensor para determinar cuándo cambiar el relé.

Si bien es posible encender el dispositivo solo directamente, debido a los peligros de dejar un interruptor sin supervisión encendido, siempre es mejor controlar el relé del interruptor solo. Sin mencionar, la capacidad de utilizar un solo Arduino para encender múltiples dispositivos.

El plan es instalar un relé de 5V dentro de una caja de toma de corriente utilizando un cable de extensión conectado a tierra.

Necesitaremos las siguientes piezas de hardware para este proyecto:

Arduino UNO, caja de toma de corriente, toma de corriente, regleta de alimentación, señal, VCC y cables de tierra, relé SRD-05VDC-SL-C 5V, placa de cubierta de la caja de salida eléctrica y un conector NM/SE de 3/8".

Ahora para el montaje:

- Corte la tira de alimentación para determinar cuál de los tres cables en ella se conecta a cada punta en su enchufe (tierra, vivo y neutro). Puede utilizar un probador de continuidad para determinar esto.

- Retire un tapón de la caja de salida e instale el conector NM/SE en su lugar.

- Retire parte del revestimiento exterior del cable y eniéndalo en la caja de salida eléctrica a través del conector (3-4").

- Retire cuidadosamente 4" del cable en vivo y retire aproximadamente 1/4" del aislador de cable vivo cortado e insértelo en el terminal NO del relé, y conecte el suelo, la señal y los cables VCC al relé.

- Conecte el cable en vivo restante al terminal C del relé y asegúrese de que esté en forma.

- Asegure todos los cables y el relé en la caja y asegúrese de que todos puedan encajar bien.

- Fije el cable en vivo desde el terminal de relé NO al terminal caliente de la toma de corriente (el que tiene la ranura más pequeña) con los tornillos de oro.

- El cable neutro del cable de alimentación también debe fijarse al terminal neutro de la salida (lado izquierdo con ranuras más grandes) con el tornillo de plata.

- Además, fije el cable de tierra a la salida del terminal de tierra (en forma de D) con el tornillo verde.

- Atornille la salida en la caja y asegúrese de que encaje, luego cúbrala y atornille la cubierta.

Ahora tenemos una toma de corriente que puede ser fácilmente controlada por Arduino. Todo lo que queda, es conectar los pines a su Arduino y cargar código, y hemos terminado.

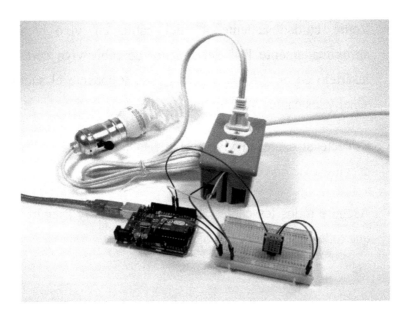

Las conexiones deben seguir el diseño anterior. El USB llevará al ordenador, o puede conectar una batería a él utilizando uno de los ejemplos dados anteriormente. La bombilla puede ser cualquier cosa, desde su máquina de café a su lavadora.

Conectaremos un sensor de humedad y temperatura DHT11 a Arduino para que la bombilla se apague cuando la humedad supere un cierto nivel. Para cargar el código, conecte Arduino a su computadora y cargue este código.

```
#include <dht.h>

dht DHT;

#defines DHT11_PIN 7
int pinOut a 8;

void setup()
  Serial.begin(9600);
  pinMode(8, OUTPUT);
}

void loop()
{
int chk á DHT.read11(DHT11_PIN);
  Serial.print("Temperatura á ");
  Serial.println(DHT.temperature);
  Serial.print("Humidity ");
  Serial.println(DHT.humidity);
```

DHT.humidity se puede cambiar a DHT.temperature

si (DHT.humedad <-40)-

el valor <- 40 se puede cambiar a cualquier humedad o temperatura

```
  digitalWrite(pinOut, HIGH);
```

• // indica al pasador que permita el flujo de corriente. La bombilla se enciende

otra cosa ?

```
  digitalWrite(pinOut, LOW);
```

• // indica al pasador que evite el flujo de corriente. La bombilla se apaga

retardo(500);

}

El código anterior es similar al que cargamos anteriormente para enviar datos a la web. Toma los datos de humedad y temperatura y le dice a la toma de corriente que se encienda cuando la humedad alcance el 40%. Esto también se puede hacer para decirle a la bombilla que se encienda cuando la temperatura está por debajo de 300K cambiando los valores como se indica en el código.

Control de Arduino con un Smartphone

Hablamos de conseguir Arduino para enviar datos a la web en el tema anterior, ahora vamos a hablar sobre el uso de su teléfono Android para controlar un dispositivo de mayor voltaje.

Vamos a explicar en este tutorial, cómo controlar Arduino directamente desde su teléfono y con un navegador web

Para llevar a cabo esta tarea, necesitaremos comprar o construir lo siguiente:

- Un robot Arduino

- Módulo Bluetooth HC-05

- Android con OS 2.2 o 2.1 y superior.

- Una cuenta de Google y una aplicación de controlador Bluetooth.

- El módulo Bluetooth tendrá su pin de 5V conectado al pin de 5V de Arduino y su pin de tierra conectado al de Arduino.

- Puede conectar el pin Bluetooth TX al pin RX de Arduino solo porque no hay datos que recibir de Arduino.

- Puede quitar completamente el sensor de distancia del Arduino si lo desea y conectar el pin 9-12 de Arduino a IN1-IN4 del módulo Motor como se indica arriba, y los pines Enable deben conectarse a 5V mediante un puente.

- El módulo Bluetooth se puede colocar por encima o por debajo de la chasis.

A continuación, se cargará el siguiente código.

Puede descargar el código aquí.

El código se explica mediante comentarios. Por lo que habíamos hecho anteriormente y un poco de experimentación, el código se vuelve aún más claro.

El siguiente paso es abrir la aplicación del controlador Bluetooth. La aplicación se puede obtener en Google Play.

Configure las claves de control en la aplicación prestando atención a cómo la configuró en el código.

Cuando se dice que se presiona la tecla de avance, Arduino recibe los datos a través de la comunicación Bluetooth como 1 y Arduino hará así IN1 e IN3 HIGH mientras que IN2 e IN4 se convertirán en BAJOS. Esto logra un movimiento hacia adelante. El mismo sistema se utilizará para los otros movimientos, otorgando el mando libre sobre los movimientos del robot.

Esto por desgracia no es tan útil como un módulo Wi-Fi porque, el rango es de 10 metros. También debe haber suficiente energía proporcionada al módulo Bluetooth para evitar que se apague.

Control remoto Wi-Fi con ESP8266

Controlar Arduino con Wi-Fi es un proceso muy sencillo. Usted espera aprender a utilizar el módulo Wi-Fi bajo este tema. Como se puede ver en los ejemplos de los tutoriales anteriores, ha habido un cierto método común a los códigos y circuitos que hemos estado construyendo. De los ejemplos anteriores, sabemos qué pines transfieren qué información.

Al igual que con el ejemplo de Bluetooth donde no conectamos el pin TX porque no era necesario, lo mismo es cierto para todos los módulos. El circuito que construirá con un módulo depende en gran medida de lo que desee hacer con él, y por lo tanto, el tipo de información que transmitirá.

El plan para este último proyecto nuestro es construir un controlador Wi-Fi para cualquier dispositivo con acceso Wi-Fi utilizando un nunchuk Wi-Fi que se ha hecho a partir de un ESP8266.

Si bien es posible programar el propio ESP8266, generalmente es preferible programar Arduino y hacer que controle el módulo Wi-Fi.

Mientras que el objetivo de este tutorial es producir datos de terminal serie, es muy fácil utilizar otro Arduino para leer la salida de cadena serie y actuar en él.

Necesitaremos el siguiente hardware:

Arduino Mega (esto es porque tiene dos puertos serie, ya que el uso de UNO podría hacer que el Arduino sea imposible de reprogramar ya que el módulo asumirá el control del puerto de programación una vez que se está ejecutando), módulo Wi-Fi ESP8266, cables de puente, placa de pan, chip FTDI u otro Arduino y batería.

Hay muchas maneras de conectar ESP8266 a Arduino, sin embargo, vamos a utilizar el siguiente método:

- Conecte un puente rojo al pasador de potencia de 3.3V, uno marrón al pin de 3.3V (chip de habilitación), uno blanco a TX, uno gris a RX y uno negro a tierra.

- El cable de puente TX se conectará a RX1 en Arduino Mega y el cable RX conducirá a TX1 en ArduinoMega.

- Dado que nunchuk se comunica usando i2c, la mayoría de Arduino vendrá con un bus i2c incorporado (también tienen sus propios enchufes de conexión, pero sólo puede utilizar cables de puente y un tablero de pan o cables de puente solamente). Conecte el nunchuk. Pin SDA - analógico 4 y SCK - analógico 5. (No compres marcas, apégate a Nintendo nunchuk.

Para configurar un servidor para comunicarse con el ESP8266, utilizamos el código en esta página instructable (https://github.com/splatspace/esprelay/). Permite la comunicación de dos dispositivos para iniciar sesión en cualquier equipo que esté ejecutando el código.

Usted tendrá que instalar Python 2.7 en su PC con el fin de ejecutar el código.

- Siga los pasos anteriores para configurar un ESP8266 receptor. Se diagnosticará si el módulo Wi-Fi no funciona bien. Un chip FTDI está conectado al modelo para que se pueda utilizar un puerto USB para recibir datos serie. Estos datos se examinan en el PC.

- Agregue una batería al modelo porque el módulo FTDI no está construido con una fuente de alimentación suficiente. Esto hará que el ESP8266 se reinicie regularmente si no se corrige.

- Puede agregar otro Arduino en el lugar de un chip FTDI si desea utilizar el Arduino para controlar algo.

- Cargue el programa de terminal que está utilizando. Las cadenas del nunchuk se verán desplazándose por la pantalla a medida que se reciben.

Utilice el código siguiente para configurar el tipo ESP8266:

- AT+RST

- AT+CWJAP"esto será ocupado por el SSID de su Wi-Fi", "Esto será ocupado por la contraseña de su Wi-Fi"

- AT+CIPCLOSE

Escriba los siguientes códigos para permitir la comunicación con el transmisor del nunchuk;

- AT+CIPSTARTTM"TCP", "This Will be your IP", 54321

- AT+CIPSEND-n (esto indica al ESP8266 que se deben esperar caracteres ascii. El n representa el número de caracteres que se aceptan.)

- cadena ascii sin comillas

- AT+CIPCLOSE

Ahora puedes controlar lo que quieras sobre el Wi-Fi.

Capítulo 8

Solución de Problemas Comunes

Hay una gran cantidad de pasos para conseguir Arduino para hacer lo que desea, y si cualquier paso se hace mal, podría no funcionar / subir. Hay una variedad de problemas que surgen cuando se utiliza Arduino, sin embargo, la mayoría de estos problemas a menudo se pueden rastrear a un puñado de causas raíz.

- Las conexiones físicas de las placas

- Ajustes del fusible del microcontrolador

- Acceso a los puertos serie por el código

- Los conductores de la junta

- Firmware en 8U2

- El gestor de arranque

- La propia junta

La lista de problemas que pueden surgir durante el uso de su Arduino es demasiado larga para enumerar. Por lo tanto, vamos a tratar de pasar por los problemas más comunes que se producen y recomendar maneras con las que puede solucionar rápidamente estos problemas.

Aquí hay un par de cosas para comprobar primero, si su Arduino está estropeando.

Arduino IDE

El primer paso para lidiar con cualquier problema es simplemente reinstalar Arduino IDE y volver a cargar el código. Si esto no funciona, puede comprobar lo siguiente dentro de su IDE:

- Asegúrese de que ha seleccionado correctamente el panel derecho en el menú **Herramientas** > Tablero. Esto se debe a las diferencias en los chips ATmega en diferentes tipos de Arduino. Consulte (https://www.arduino.cc/en/Guide/Environment) para obtener más información sobre cómo seleccionar correctamente el tipode Arduino.

- Asegúrese de que ha seleccionado el puerto correcto al que ha conectado Arduino. Como mencioné anteriormente, desenchufe y vuelva a conectar Arduino al ordenador y supervise cuidadosamente la opción que aparece, si inicialmente no vio su Arduino enumerado en **Herramientas > Puerto serie**.

Si aún no encuentra Arduino, siga los siguientes pasos.

Controladores

Los controladores son lo que permite que el IDE de su equipo se comunique con el Arduino. Lo que sucede cuando un cable USB se conecta a un sistema por primera vez es que, el ordenador acepta los controladores que se almacenan en la placa y los instala. Estos controladores proporcionan un puerto serie virtual. La mayoría de Arduino utilizan USB CDC (controladores estándar) proporcionados por el sistema operativo, mientras que algunos utilizan FTDI.

Si el tipo de Arduino no aparece en el menú **Herramientas > Puerto serie,** el controlador no se ha instalado.

- Para Windows 7, conecte la placa de nuevo, abra el administrador de dispositivos y actualice los controladores para Arduino. Haga clic derecho en el tablero y apunte las ventanas al archivo ".inf". Estará en el **directorio de controladores/directorio** del archivo IDE.

- Para Linux, symlink de /dev/tty/ACM0 a dev/tty/USB0. Entonces usted puede correr

sudo usermod -a -G
tty yourUserNamesudo usermod -a -G dialout yourUserName

Después de lo cual debe cerrar sesión e iniciar sesión para que se produzcan los cambios. Abra Arduino de nuevo y su puerto debería aparecer.

estruendo

Si el software se bloquea al iniciarse o funciona de forma poco natural lentamente, o el menú Herramientas parece abrirse demasiado lentamente.

- Deshabilite los puertos serie Bluetooth y los de cualquier otro puerto COM en red mediante el Administrador de dispositivos. Dado que arduino IDE analiza todos los puertos COM en el equipo al iniciar y siempre que el menú Herramientas está abierto, estos puertos en red a menudo causan retrasos y se bloquea

- Asegúrese de que el único programa que analiza todos los puertos serie abiertos actualmente en el administrador de tareas es Arduino IDE. Algunas aplicaciones que hacen esto son; herramientas de demonio virtual, BlueSoleil, aplicaciones de sincronización PDA...

- Asegúrese de que el equipo no está ejecutando un firmware que deshabilite el acceso a los puertos serie (ZoneAlarm)

- Dejar el procesamiento, vvv... si los está utilizando para leer datos del cable USB a Arduino

- Para Linux, puede intentar ejecutar el IDE como un archivo raíz y ver qué cambios

Si esto no soluciona el problema, continúe con el paso siguiente.

Conexión directa

- A veces, el problema surge de las desconexiones físicas de la placa.

- Asegúrese de que el LED Arduino esté encendido.

- Asegúrese de que está conectado directamente a Arduino y al ordenador. Hay una conexión de concentrador USB, conecte los dos directamente y pruebe los cambios.

- Cambie el cable USB. A veces, esto funciona.

- Mientras se carga el código, desconecte los pines digitales 0 y 1 y vuelva a conectarlos después de la carga.

- Intente desconectar todo lo demás de la placa y cargar el código.

- Asegúrese de que Arduino no está tocando nada metálico o conductor. Como habíamos explicado anteriormente, puede poner a tierra la junta.

Los pasos anteriores deben resolver sus problemas. Si no lo hacen, continúe con el siguiente paso.

Auto-Reset y Bootloader

Tenga en cuenta que algunas placas no admiten esta función. En algunos equipos, es posible que deba presionar físicamente el botón de reinicio antes de cargar, mientras que en otros tendrá que cargar antes de presionar Restablecer. Se recomienda que presione restablecer con dos a 10 segundos de intervalo utilizando ambas maneras para ver cuál es el compatible con Arduino.

Este error puede mostrarse en el IDE.

[VP 1] El dispositivo no responde correctamente

Esto significa que debe intentarlo de nuevo.

La mejor manera de comprobar si su Arduino viene con un cargador de arranque es presionar reset. Si el LED Arduino parpadea cuando lo conecta de nuevo, tiene un cargador de arranque. Si no lo hace, entonces no tienes uno.

Si ninguna de las opciones anteriores funciona para usted, es posible que tenga que visitar el foro de ayuda de Arduino (http://www.arduino.cc/cgi-bin/yabb2/YaBB.pl?board=troubleshoot). Utilice las etiquetas de código en la barra de herramientas del foro para asegurarse de que la salida está en el formato adecuado.

Necesitará saber, su sistema operativo, tipo Arduino (con una imagen si es posible), su problema exacto (no se puede cargar en la placa) y el mensaje de error que recibe cuando intenta cargar después de habilitar la salida detallada(**Archivo > Preferencias > Mostrar verbo detallado (salida).**

Syntax in Arduino

El error más común en la sintaxis de Arduino se debe al punto y coma al final de una instrucción. El segundo error más común se debe a un corchete que falta. Busque ortografías incorrectas, errores tipográficos, nombres incorrectos para los valores declarados, usos de letras no permitidos y casos incorrectos. El código Arduino distingue mayúsculas de minúsculas. Si hay un error en el código, el software normalmente resalta las líneas con tales errores.

"java.lang.StackOverflowError"

Este error se produce a menudo porque ciertas cadenas pueden confundir el IDE. Arduino IDE realiza el procesamiento preliminar mediante la manipulación de código en el croquis mediante expresiones regulares.

Busque ciertas secuencias que tienen ciertas funciones como comillas dobles, comillas simples, comentarios o barras diagonales inversas. Algunos de estos códigos, aunque correctos, pueden confundir el IDE. Un ejemplo es '"/', o /".

en

com.oroinc.text.regex.Perl5Matcher._match(Perl5Match er.java)

en

com.oroinc.text.regex.Perl5Matcher._match(Perl5Match er.java)

O

```
java.lang.StackOverflowError

en java.util.Vector.addElement(Unknown Source)

en java.util.Stack.push(Unknown Source)

en

com.oroinc.text.regex.Perl5Matcher._pushState(Perl5Ma
tcher.java)
```

Sketch no se inicia mientras alimenta la placa mientras usa una fuente de alimentación externa

Esto sucede más a menudo debido a la desconexión del pin RX. El gestor de arranque verá que los datos no utilizados fluyen sin fin, por lo tanto, nunca llega a ejecutar su boceto.

Intente conectar el pin TX directamente a RX, o a tierra con una resistencia de 10K.

Arduino IDE se bloquea cuando intenta cargar un programa

Abra **el Administrador** de tareas y compruebe si "LVPrcSrv.exe" se está ejecutando, si lo está, mátelo y vuelve a cargar el programa. Esto se debe a que el proceso Logitech a veces entra en conflicto con Arduino IDE.

Arduino no se enciende (el LED de alimentación) cuando se conecta

Asegúrese de que el puente está en los pines correctos.

Para la batería externa, el puente debe estar en 2 pines más cercanos que estén más cerca del enchufe de alimentación.

Para proyectos alimentados por USB, deben ser los 2 pines más cercanos al conector USB.

Error al iniciar Arduino en Windows

Arduino ha encontrado un problema y tiene que cerrarse.

Si usted consigue el mensaje anterior al intentar ejecutar Arduino.exe en Windows, por favor intente iniciar con el archivo ".bat" (Puede tardar unos minutos).

"No se pudo encontrar la clase principal." error

Java Virtual Machine Launcher: No se pudo encontrar la clase principal. El programa se cerrará.

Si obtiene el error anterior en su intento de iniciar Arduino, asegúrese de que los archivos "Arduino.zip" se extrajeron correctamente. El directorio **lib** debe contener "**pde.jar**" y estar directamente dentro del directorio Arduino.

"UnsatisfiedLinkError" en la Biblioteca Arduino

Excepción no detectada en el método principal: java.lang.UnsatisfiedLinkError: Native Library /Users/anu/Desktop/arduino-0002/librxtxSerial.jnilib ya cargado en otro cargador de clases

Lo anterior es un error causado por la carga de una versión antigua de la biblioteca de comunicaciones Arduino.

Busque "**comm.jar o jcl.jar**" en los directorios de las variables de entorno CLASSPATH o PATH (**"/Sistema/Library/Frameworks/JavaVM.framework/"**).

Conflictos de Cygwin

> **6 [principal] ? (3512) C:-Dev-arduino-0006-tools-avr-bin-avr-gcc.exe: *** error fatal - C:-Dev-arduino-0006-tools-avr-bin-avr-gcc.exe: *** error de versión de memoria compartida del sistema detectado - 0x75BE0084/0x75BE009C.**

El error anterior se muestra cuando tiene "**Cygwin**" en ejecución mientras está utilizando Arduino. También puede simplemente eliminar "**cygwin1.dll**" de su directorio Arduino y luego reemplazarlo con "**c:-cygwin-bin**".

Sketch demasiado grande

Las causas más comunes de código grande son el uso de cálculos de punto flotante. Habíamos declarado anteriormente que debe tener cuidado de usar tanta matemática suntuosa como pueda salirse con la suya en su código. También puede eliminar las instrucciones "#include" realizadas en el código a las bibliotecas que no usará para el código. Vuelva a examinar el código y busque cualquier código que se pueda escribir de formas más cortas. El chip solo puede contener 16 KB de código.

Los problemas avanzados de solución de problemas se pueden resolver visitando (https://www.arduino.cc/en/Guide/Troubleshooting).

Conclusión

Este puede ser el final de este libro, pero es sólo un comienzo en su viaje para aprender programación Arduino.

¿Está interesado en aprender más?

¿Tienes hambre de manejar más proyectos de Arduino?

¿Desea que hayamos añadido ejemplos más prácticos?

Arduino es el nuevo chico de la ciudad, y todo el mundo quiere saber cómo funciona. Por lo tanto, esperamos que después de haber leído este libro y participado en la mayoría, si no todos los proyectos, hubieran comprendido de qué se trata Arduino.

Manténgase atento para obtener más información sobre la programación de Arduino.

Apéndice

Este Apéndice contiene una lista de direcciones URL a las que se hace referencia en este libro y una lista de materiales de referencia que se utilizaron para completar este trabajo. Puede que les resulte útil.

Para obtener más información sobre Arduino, puede visitar los siguientes sitios web:

Sitio oficial de Arduino: https://www.arduino.cc/en

Autodesk, Inc: https://www.instructables.com/

URL

Adafruit (clones de Arduino): http://www.adafruit.com/

Aplicación Electrodroid para calcular la resistencia:
https://play.google.com/store/apps/details?id=it.android.demi
.elettronica&hl=en

Arduino IDE (Descargar):
https://www.arduino.cc/en/Main/Software

Biblioteca Adafruit CC300
(https://github.com/adafruit/Adafruit_CC3000_Library)

Biblioteca Arduino para sensor capacitivo:
http://playground.arduino.cc/Main/CapacitiveSensor/

Biblioteca de sensores DHT (https://github.com/adafruit/DHT-
sensor-library)

Biblioteca LoRa: (https://github.com/sandeepmistry/arduino-LoRa)

Biblioteca TinyGPS++:
(https://github.com/mikalhart/TinyGPSPlus/archive/master.z
ip)

Bibliotecas Arduino: https://www.arduino.cc/en/Guide/Libraries/

Bibliotecas de reloj digitales:
(https://github.com/DeanIsMe/SevSeg)
(https://github.com/PaulStoffregen/DS1307RTC)
(https://github.com/PaulStoffregen/Time)

Código de alarma: (https://maker.pro/arduino/tutorial/how-to-build-an-arduino-powered-motion-sensor-alarm)

Código de robot autocontrolado:
(https://gist.githubusercontent.com/jamesabruce/b2eb469875 4ae10e492e/raw/de60648a33a37cdb54a948953e17841d8216 2766/4wd-robot-test.ino)

Código del controlador de tráfico:
(https://www.makeuseof.com/tag/arduino-traffic-light-controller/)

Código del controlador del juego:
(https://www.makeuseof.com/tag/make-custom-game-controller-arduino-unity/)

Código del detector de humo:
(https://lastminuteengineers.com/mq2-gas-senser-arduino-tutorial/)

Código del sensor de movimiento: (https://www.maxphi.com/pir-motion-sensor-light)

Código LED 4x4x4:
(https://github.com/brucetsao/eLedCube/blob/master/LED_1 cube_4x4x4_Blank_Show_/LED_1cube_4x4x4_Blank_Sho w_.ino)

Código LoRa: (https://circuitdigest.com/microcontroller-projects/lora-based-gps-tracker-using-arduino-and-lora-shield)

Convertir PC en servidor: (https://github.com/splatspace/esprelay/)

Diseño de PCB del escudo del detector de humo:
(https://easyeda.com/circuitdigest/Smoke_Detector_Arduino
_Shield-kEQca75rN)

Foro de solución de problemas de Arduino:
http://www.arduino.cc/cgi-
bin/yabb2/YaBB.pl?board=troubleshoot

Guía de Arduino sobre tipos Arduino:
https://www.arduino.cc/en/Guide/Environment

Guía de instalación de Teensy Board:
https://www.pjrc.com/teensy/td_download.html/

Guía de instalación de Ubuntu Arduino IDE:
https://tutorials.ubuntu.com/tutorial/install-the-arduino-ide#0

Herramienta Calculadora LED para calcular la resistencia:
http://led.linear1.org/1led.wiz

Página de inicio de sintaxis y función de Arduino:
http://arduino.cc/en/Reference/HomePage/

Página de pedido de PCB: (https://easyeda.com/order)

Problemas comunes de solución de problemas de Arduino:
https://www.arduino.cc/en/Guide/Troubleshooting

Sitio oficial de Arduino para la compra de tableros:
https://store.arduino.cc/

Solución de problemas de Arduino:
https://www.arduino.cc/en/Guide/Troubleshooting

SparkFun (clones de Arduino): http://www.sparkfun.com/

Un código de boceto del sensor:

(https://howtomechatronics.com/tutorials/arduino/ultrasonic-sensor-hc-sr04/)

Uniduino plugin:

(https://www.assetstore.unity3d.com/en/#!/content/6804)

Referencia

Arvind Sanjeev, utilice un sensor de movimiento PIR para construir su propio sistema de detección de intrusos (2018).

Aswinth Raj, Rastreador GPS basado en Lora usando Arduino y LoRa Shield, *CircuitDigest* (2019)

Bekathwia, *Arduino Class*, Autodesk Inc(2019).

Construir una toma de corriente controlada por Arduino; (http://www.circuitbasics.com/build-an-arduino-controlled-power-outlet/).

Gerald Recktenwald, *EAS 199A, Conferencia 5: Arduino Programming Part 1*, Portland State University(2010).

https://blogs.umass.edu/Techbytes/2014/01/14/turkeybytes-arduino/

https://electronics-project-hub.com/arduino-7-segment-display-clock-with-and-without-rtc/.

Ian Buckley, Cómo hacer un controlador de juego personalizado con Arduino y Unity, *Makeuseof* (2016).

James Bruce, Cómo hacer un cubo LED Arduino pulsante que parece que vino del futuro, *Makeuseof* (2012).

Joe Coburn, Arduino Programming for Beginners: Traffic Light Controller Project Tutorial, *Makeuseof* (2019).

Miguel Grinberg, Construcción de *un robot Arduino, Parte VI: Control remoto,* https://blog.miguelgrinberg.com/post/ (2013).

NCKiwi, control remoto Wi-Fi con ESP8266, *circuitos instructables* (2019).

RAVI, Luces automáticas de la habitación que utilizan Arduino y SENSOR PIR, https://www.electronicshub.org/ (2018).

RAVI, Robot Controlado Por Bluetooth usando Arduino, https://www.electronicshub.org/ (2018).

Rudra P. S. *Celebrando el Día* de Arduino (2014)

Ryan Turner, Arduino Programming: The Ultimate Beginner's Guide to Learn Arduino Programming Step by Step, *Kindle* (2019).

Tttapa, *A Beginner's Guide to Arduino,*Autodesk, Inc (2019).

Vividz, haga su propio circuito detector de humo utilizando Arduino, *Autodesk Inc* (2017).

www.ingramcontent.com/pod-product-compliance
Lightning Source LLC
Chambersburg PA
CBHW071133050326
40690CB00008B/1443